序

　　我在大學講授有關人生的通識課三十餘年，一向請學生寫心得當作業；我始終表示「心得乃用心之所得，有心爲之，發爲文字，謂之心得」，希望同學心有戚戚焉。其實對此我也不斷反身而誠，經常以哲理小品信手拈來，並透過網路貼文與有緣人分享。不過身爲哲學教師，長期從事本行的教學與研究，多少會發展出屬於自己的思想，眼前這部近十五萬字論著，便屬於我的最新哲思心得之記錄；它雖然用知性的形式呈現，想表達的卻是相當情意的內容。我手寫我心，行年至去歲已入老，是非成敗轉頭空，回首既往，身心歷程皆足以化爲人生義理，作爲一名年老教師自度度人材料；它既是授課講義，更是我的人生觀解之書寫。

　　擔任教職總共三十六載，可謂大半生爲人師表，但我更相信三人行必有吾師；尤其是作爲生命教育教師，會發現每個人的生命敘事都是鮮活的教材。生命教育創始於臺灣至今已屆二十二年，主要針對在校學生而設，我自始便參與其中，直到十一年前有感於學校教師及社會大眾更需要它，乃逐漸將關注焦點轉向成人生命教育。我的努力既稱作「大智教化」，又可表述爲「新生命教育」，本書即以此爲名，用以闡揚其理念與實踐。人生基本不脫生老病死，以死爲鑑可以知生，這是由死觀生的教化途徑。衷心感激高齡九二交代海葬縱浪大化的母親帶給我的啓示，在她老人家辭世十週年之後，謹以此書獻給她的在海之靈。

鈕則誠 謹識

2019年8月　成家三十四載

目　錄

第一篇

新人生

第一章

新生命教育

摘　要

　　本章嘗試建構「新生命教育」論述，希望推廣嶄新的「大智教」、「人生教」；人生教並非團體性宗教信仰，而屬個體性人生信念，用以自度度人「安身立命、了生脫死」。全文分為五節，採水平思考，行意義詮釋，次第建構新生命教育基本論述。首節就教化、教義、大智三者，以彰顯新生命教育；次節就文章、歷史、義理三部，以開展人文化成；三節就人文、社會、自然三域，以落實知識統整；四節就常識、知識、智慧三境，以實踐融會貫通；末節就生存、生涯、生趣三齡，以體現生命學問。作為官方生命教育民間版、成人版、擴充版與升級版的新生命教育，可視為「行中道、安現世、了生死」的華人應用哲學與生命學問。

引　言

　　本書雖以議論文章形式撰寫，卻是我於花甲耳順之年自願從體制內離退後，不斷借題發揮下，心智一大突破之作，此即揚棄垂直推理而改採水平思考的成果，藉以顛覆自我窠臼與主流成見。學術論著多以收斂、認知、精深為度，我則反其道而行，向發散、情意、廣博求緣，目的則為建構一套「新生命教育」論述與實踐，而藉此推廣「人生教」則屬社會教化。我雖然涉足哲學長達半世紀，但始終只肯認愛智之志，卻無心思辨之途，自忖實非此中人也。對此我原本尚感不安，卻於入老之際大澈大悟，確信道既不同不必為謀，堅持我手寫我心，走自己的路，向有緣人宣揚人生教。本章正是個人生命情調大破與自立的反思記錄。

第一節　人生教

一、教　化

簡單地說，人生教宣揚傳布一套適用於當今華人社會的生命學問，用以助人「安身立命、了生脫死」，二者分屬生活智慧與生死智慧。此等智慧係由古今中外聖賢才智的「性靈之靈性」提煉而得，去蕪存菁，推陳出新，從而開創出「行中道、安現世、了生死」的本真人生。人生教的推廣普及，需要從事「教化的」新生命教育。教化不受時空限制，較制式教育範圍大得多；前者可將後者納入其中，以「六經註我」之姿善加運用。採用「教化」之說，實受惠美國後現代思想家羅蒂；稱其為思想家，是因為他首先被哲學圈排擠，而棲身於文學圈，最終則顛覆了整個哲學，將之視為「擬文學」活動而已。此說的確深獲我心。

大陸學者張國清對羅蒂思想有如下的詮釋：「系統哲學被否定以後，……以治療性、對話性、反諷性、遊戲性、隨機性等為特點的教化哲學仍將存在下去，教化哲學是一種私人化的哲學，它只成就個體自身，而不成就對象或他人。……隨著哲學的無主題化、非專業化、非職業化、平凡化或非神聖化，哲學將作為人類精神活動的潤滑劑、紐帶、中介、點綴、偽裝而繼續生存或繁衍於諸學科的邊緣或縫隙之間，未來哲學除了選擇『擬文學』的自我形象以外，別無他途。」這種後現代大破而自立的顛覆精神，正是我提倡新生命教育的基本立場；不是要人相信我，而是通過我找到自己，且必須懂得過河拆橋的道理。

二、教　義

　　人生教是否宗教？答案為擬似，實則不是；它不是制度化宗教，但屬於人生的信仰或信念，也因此具有一定的教義。一般對宗教信仰的界定，至少包括「教主、教義、經典、儀式、皈依」五項，尤以通過儀式加入教團的皈依最為關鍵。這其中我對後二者一向敬而遠之，但作為人生信念的人生教，於前三者則多少具備。首先該教既為我所創，我樂於自視為代言的「大智教化主」，但絕非獨斷的「教主」。教化主的靈感來自白居易，他因為詩文平易近人，而被封為「廣大教化主」。而我在大學擔任正、副「教授」超過三十載，早已習慣被稱為「會叫的野獸」，卻對最近所流行的、取自英語「海鮮」諧音的「師父」頭銜敬謝不敏。

　　自視為教化主是近五、六年的事，因為花甲耳順自願從教育體制內離退後，我連續創作了包括本書的五種「大智教化」著述。它們雖非經典之作，卻肯定是我手寫我心的真誠作品。在其中我曾拈出一系哲學「義理」，但晚近則發現僅止於此之不足，必須擴大為文史哲不分家的文化「意理」，方足以因應教化之所需。雖然我如今已自外於純哲學與哲學圈，但仍然批判地認同以其思想撰寫碩、博士論文的精神導師波普；尤其欣賞他對「常識」的正視與重視，並且毫不猶豫地用各種「主義」加以表述。效法波普的作法，我在此標幟人生教的基本教義，至少包括「常識主義、現世主義、自然主義」三者，用以打破對立觀點的迷思。

三、大　智

　　我欣賞哲學「愛好智慧」的理想，卻對學院哲學及哲學家不以為然；在我看來，對傳統哲學「知識」的批判態度，乃是真正的「智慧」

啓蒙。兩位精神相契的思想家叔本華與維根斯坦表現了此點，美國學者斯魯格指出：「維特根斯坦……認定全部哲學都充滿了根本混淆，……（他）對待哲學的機警態度也許提醒我們有關叔本華對『大學哲學』的著名斥責。在叔本華看來，眞正的哲學正在於最終超越所有形而上學的理論化，其眞正終點深植於神秘的屈服和沉默。」叔本華看不起同時代的學閥黑格爾，乃終其一生自我放逐於大學杏壇之外，卻通過自我教化不斷著述，而對後世的尼采、佛洛伊德、維根斯坦產生重大影響。

哲學家的智慧對人類政治活動產生最大影響者，莫過於馬克思的社會主義思想；時至今日，標榜「新時代中國特色社會主義」的中共政權，正對著臺海虎視眈眈，而我們也只能以「中華民國」之名偏安於一隅，處境與歷史上的東晉、南宋、北元、南明等政權類似。面對此情此景，政府和百姓如何以大智大慧化險爲夷？與其冒進不如保守，亦即「有力使力，無力使智」；效法悲觀主義者叔本華及受其影響的維根斯坦，面臨政治選擇時趨於保守，並且對於人類苦難懷抱著自然的同情心。由於對岸的社會主義，實質上乃是政府積極調控下的資本主義，人民也逐漸樂享中產生活，共創「中產之道」實爲兩岸「異中求同」的契機。

四、新生命教育

「此念是煩惱，轉念即菩提」，一念之間可以改變許多事，但前提是不再鑽牛角尖，而將追問因果的垂直推理，靈巧地轉換爲改變立場的水平思考。垂直推理的提倡是西方哲學傳統，其後爲科學所繼承，成爲智育所傳授的思維方法。長此以往之下，現行教育遂以此爲宗，將受教個體打造成一個個理性化邏輯推理的頭腦，對情意體驗棄之不顧，而後者正是德育、群育、美育的核心價值。新生命教育秉持後現代思想「質疑主流、正視另類；肯定多元、尊重差異」的精神，提示世人在收斂性的垂直推理之外，要能夠不時開啓發散性的水平思考，不爲主流迷思所

蒙蔽及誤導，沉淪爲失去「存在」的單向度、扁平式「衆生」。

　　新生命教育的出發點，並非如犬儒主義所受到的「憤世嫉俗、玩世不恭」苛評，而是自犬儒式的無可奈何，回返到荒謬與虛無的世間本然之中，肯認有情衆生就其一生一世所體驗到的「眞空妙有」。而其背後的眞諦，正是人生教所發現的「由死觀生、向死而生、輕死重生」生命情調大智大慧。面對「人終不免一死」的事實，莊子認爲不過是氣聚氣散變化無常的現象而已，卻也到此爲止，毫無印度文化所形成的「業報」觀解。正如生死學者傅偉勳所言：「佛教除外的中國思想文化傳統，並不具有強烈的宗教超越性這個事實，在儒道二家的生死觀有其格外明顯的反映。」這正是適用於華人的新生命教育基本立足點。

第二節　三　部

一、文　章

　　大智教或人生教擬似卻不算宗教信仰，更好說是自我及社會教化；它可視之爲體制外的新生命教育，因此具有一定的宣揚傳布內容，本章寫作的目的，便是初步建構其內容。人生教主要針對成年國人而發，教人通過水平思考而領悟安身立命與了生脫死之道。此一生命學問以人生三齡爲標竿，必須將心靈三境融會貫通，思考途徑則從跨學科的人文化成，走向跨領域的知識統整。人生教無意放諸四海皆準，而是特別爲「沒有宗教信仰」的華人漢民族準備與設計，藉以成爲安頓生死的多元選項。它尤其希望彰顯儒家主流思想以外的另類觀點，亦即以莊子生死觀爲核心價值的道家思想，從「由死觀生」走向「輕死重生」。

　　新生命教育的建構屬於人文化成的工夫，也就是文化設計的產物。「文化」在西方意指一個民族的生活方式，於中土長期反映於儒家的人

文化成。施行長達一千三百年的科舉制度，要求讀書人學習「四部」：經、史、子、集，其中經學即儒家經典。時至後現代的今日，經學任務早已告一段落，該是後「三部」的出頭天了。三部之一的集部係指文學與文章，只要是自外於道貌岸然的儒家之作品，新生命教育都樂於親近推薦。尤其是「莊子、竹林七賢、陶淵明、白居易、蘇東坡、唐伯虎、公安三袁、林語堂」八組人格典範，他們以性靈文章的創作，呈現出道家嚮往及中隱之道等人生意境，正是人生教一貫心之所嚮。

二、歷　史

人生教是在「荒謬虛無主義」的生死基調中，開創「效益實用主義」的生活處境，同時盡量避免被「媚俗溫情主義」收編異化。總之，要隨時保持個體的清明，而不被群體意識所吞噬，尤其是在生死抉擇方面；像儒家的傳統孝道和繁文縟節，就對臨床倫理與潔葬節葬帶來莫大阻力。爲移風易俗、去蕪存菁、推陳出新，人生教必須提出自家本事，樹立自己的意理，亦即新生命教育的意識型態。人生教首先肯定後現代「質疑主流、正視另類」的擇善固執，從而提倡先從文史哲不分家的中華文化入手，通過以史爲鑑，分辨出主流與另類，並且對歷史中的另類思想另眼相待。前述八組人格典範，都曾在儒家的窠臼中找到了新出路。

人生教主張大破而後自立，要破除的便是社會上流行的「正向心理」迷思，必須學會「置之死地而後生」。欲達此目的最佳參考對象，古今中外首推莊子和叔本華，他們都明智地看見生命「底線」。尤其難能可貴的是，雖然悲觀地發現人生無奈，卻沒有墜入宗教泥淖，反而用大智大慧挺立於人間，豁達地擁抱現世主義。人生教踏出的第一步，是用中華本土文史哲不分家的人文化成觀點，採水平思考方式，建構起當下安身與了生的實踐脈絡。脈絡反映時空，橫向的意理可以從文章及義理中找靈感，縱向的教訓則需要回顧歷史與社會事件，尤其是改朝換

代與天災人禍。後現代華人社會共通的中產趨向，正是安身與了生的基石。

三、義　理

　　人生大智教的生活義理和愛智慧見，或是說實用的人生哲學，可以「行中道、安現世、了生死」來表明；而在「輕死重生」的前提下，用「行中道」安身立命，可謂恰到好處。此處「中道」係指「中年中產中隱」的人生意境，在歷史上以白居易的一生最具代表性，也最值得後現代華人參考。本書所揭櫫的新生命教育，是為成年華人而設，人生實踐的起點宜訂在弱冠，也就是大學時期前後。大學生所學何事？「安頓身心、樹立理想」而已。有效的生涯策略規劃，是打拼到不惑中年之際，逐漸步入中產，從此在安定中追求性靈開顯，同時走向中隱之道。中隱乃相對於大隱與小隱而言，是隱於生活內自得其樂，並且懂得放下事業心。

　　事業心大致包括名、利、權三者，其中名位與權勢都必然走向「是非成敗轉頭空」，必須看破、看透、看開；而金錢追逐更應適可而止，以免得不償失。理想情況是在半百前後進入中產展開中隱，像白居易便是自願做閒官，勤寫閒適詩。另外一點也很重要，就是通過養生而活出應有水準；樂天活至七十有五，今人餘命已過八十，太早辭世不免遺憾。依此觀之，人生大智教實屬世俗教、常識教，用以反映嚮往神聖及追求知識的虛妄。今日知識太瑣碎，絕大多數為垂直推理的產物，從而形成智育當道、科技掛帥的局面。人們的日子不是過得較輕鬆，而是變成太複雜；難以滿足的物欲需求，唯有反璞歸真方能解套。

四、人文化成

　　人文化成是中華民族的生活方式，有別於其他民族的宗教薰習。華人漢民族長期受到儒家人文精神的浸淫，是到了該以道家自然精神加以稀釋的時候了；有條件地、批判地走向「儒道融通」，是人生教義實踐的第一步。人生大智教水平地拈出「儒陽道陰、儒顯道隱、儒表道裏」的效益實用路線，先行貞定「三部」，再策略地向「三域」及「三境」次第擴充，終至圓滿「三齡」一生一世，擁抱現世主義歡喜謝幕，絕不癡心妄想有所依戀。人生本虛無，諸事皆荒謬，任何意義與價值僅存在於我心，死而後已。新生命教育不相信靈魂不滅，卻樂於提倡精神不朽，此乃蔡元培「以美育代宗教論」的發揚光大。

　　蔡元培指出：「宗教之原始，不外因吾人精神之作用構成。吾人精神上之作用，普通分為三種：一曰智識；二曰意志；三曰感情。最早之宗教，常兼此三作用而有之。……迨後社會文化日漸進步，科學發達，學者遂舉古人所謂不可思議者，皆一一解釋之以科學。……道德之原理則可由種種不同之具體者而歸納以得之。而宗教家之演繹法，全不適用。……知識、意志兩作用，既皆脫離宗教之外，於是宗教所最有密切關係者，惟有情感作用，即所謂美感。」但「美育是普及的，而宗教則都有界限」，因此他主張「以美育代宗教」。由於美感體驗足以發展出文學與藝術作品的創作，正好符應古人對「立言以不朽」的嚮往。

第三節 三 域

一、人 文

　　大智教或人生教作爲華人的新生命學問，雖有文化考量，卻不劃地自限，更不故步自封，而是學貫古今、出入西東，堅持與時俱進、推陳出新。一如生命教育觀照「天人物我」，新生命教育亦主張「文理並重、東西兼治；物我齊觀、天人合一」；這其中涉及知識之爲我所用，遂本於「六經註我」大原則，採行效益實用主義路線，對知識三域進行統整，以利大智大慧之推廣。人類知識三大領域分別爲自然科學、社會科學，以及人文學，此一分類來自西方，自古只有自然與人文或天人二分，直到近兩百年始見三分天下。簡言之，自然領域主要包括聲光電化，社會領域基本涵蓋法政經社，人文領域則不外文史哲藝。

　　人生教既宣揚人生大智信念，其於知識參照立足之處當爲人文領域，再漸次擴及對社會及自然界的理解和領悟。如今智育當道、科技掛帥，人們在校所學日深，終至見樹不見林，唯有靠通識教育彌補其不足與缺失。通識教育的提倡，始自上世紀五零年代英美國家對「二元文化」的討論，此指大學中科學與人文的割裂情形必須補救。如今大學通識課的開授，在國內已經超過三十年；我長期參與其中，漸感其已形式化且失之瑣碎，便於制式教育之外，大力提倡終身學習的自我教化，亦即新生命教育。人生教立足於文史哲不分家的人文化成，從人文看科學，對社會與自然領域從事知識統整，再進一步將之與常識及智慧融會貫通。

二、社　會

　　社會係指相對於個體的群體，社會學於十九世紀上半葉爲法國哲學家孔德所創，繼之由英國哲學家史賓塞大力推廣，傳入中國最早的譯名便是「群學」。孔德研究社會現象而創立社會學，但其參照對象並非哲學而是物理學；他心目中理想的社會學其實是「社會物理學」，這正是最初的命名。無獨有偶地，心理學科學化在德國起步時，也被費希納視爲「心理物理學」。心理學、社會學、人類學三者，於二十世紀五零年代的美國並列爲「行爲科學」，以示其分別探索個體、群體及族群的行爲。它們再加上法律、政治、經濟、統計等方面的知識，大致便構成基本社會科學諸學科，這些都爲新生命教育的建構提供了多元面向。

　　孫中山有言：「國者人之積，人者心之器。」他所創的中國國民黨主張民生主義，其後繼者中國共產黨則奉行社會主義，二者都將國家與社會相提並論，也都把國家機器凌駕於個人之上。百餘年後的今日，全球已步入後現代，而後現代作爲「晚近資本主義的文化邏輯」，適可提供由資本主義所創生的中產階級一套新的價值觀，用以對抗國家與社會的宰制。人生大智教希望打造的華人理想生活型態，乃是「人到中年、擁有中產、選擇中隱」的「中道」境界。這非但不與社會發展衝突，更是一套安身立命的眞工夫；它可以在善盡群體責任的範圍內，追求個體興趣與理想的實現，亦即策略性地運用「儒道融通」的妙諦。

三、自　然

　　對於自然領域的深入探索形成自然科學，但是自然科學實緣起於自然哲學，也就是哲學重要分支之一形上學之中的宇宙論，另一部分則爲本體論。哲學在西方的原意爲「愛好智慧」，內容無所不包；但在發展了兩千三百年之後，終於包不住而釀成「科學革命」。「科學」顧名思

義就是「分科之學」，將哲學內可以深化的自然現象，加以分門別類地研究。科學研究的一大特色乃是希望發現森羅萬象的「眞相」，而眞相與假象的分辨唯有通過感官知覺，以及由此延伸而出的實驗測量儀器。科學家花了三百多年所凝聚的「實事求是、無徵不信」學術準繩，其實來自一位近代英國經驗主義哲學家培根。

英國經驗主義以及其後的效益主義傳統，傳到美國開啓了實用主義精神，它在當今的代表，正是前述後現代思想家羅蒂。羅蒂試圖終結哲學的「宏大敘事」，代之以文學式個人化的「生活故事」，而這也正是新生命教育希望推廣的務實作法。當自然與社會科學試圖發現「事實」眞相之際，人文學問則對日常生活的「價值」予以彰顯或釐清。科學與人文各司其職，讓事實與價值各安其位，盡量減少含糊混淆。放大來看，傳授科學與技術知識的智育，跟體現人文學問的德育、群育及美育，著實不可混爲一談。如今兩岸四地多以生命教育來銜接德育，新生命教育作爲生命教育的擴充版與升級版，必須自覺地對知識與智育嚴予批判。

四、知識統整

批判並非否定，而是「抓大放小、去繁從簡；去蕪存菁、推陳出新」。這是一套後設的超越工夫，不可能在所見日小的垂直推理中達陣，勢必要改弦更張，轉向水平思考下的立足點變更。人生大智慧放棄深度而追求廣度，理由是爲了個體的安身與了生，必須將常識攝取極大化，以落實全方位的生活及生死智慧。舉例來說，專科醫師的專業知識可以拯救病患性命於一時，也許還能隨機授予養生之道，但其他各個方面的日常生活所需，就要靠當事人自行安頓了。新生命教育非但不反智，更鼓勵人們有需要可以找專家，但知道如何找對專家則需要靠常識及智慧。這就是垂直與水平思考各有千秋的眞諦，不能只看重前者而忽視後者。

　　新生命教育的建構順著水平思考發展，從文化「三部」擴充至知識「三域」，進而達於心靈「三境」和人生「三齡」。知識三域的統整並非空穴來風，至少在國內已行之有年，九年一貫課程就實施以學習領域取代分科來從事教學。這種教育改革的先進理念，算是對知識分工化所造成本位主義的重大糾正，無奈推行之下卻顯得力不從心逕陽奉陰違。蓋學習領域的課程統整，必須先從師資培育做起；譬如教社會領域的老師，必須歷史、地理、公民三者全盤涉獵，但在目前學系分工的情況下實難達成；結果只好退而求其次採用協同教學，問題是由誰來主導這種跨學科的協同工作呢？看來知識統整的問題依然不少。

第四節　三　境

一、常　識

　　作為「心靈三境」的「常識、知識、智慧」，其實是通過「感性、理性、悟性」三層次而開顯；青原惟信禪師那段「見山是山，見水是水」的公案，為此提供了最佳註腳。人生教不希望陳義過高以至曲高和寡，因而樂於為世俗教、常識教；新生命教育的提倡，正如我所著的一部專書名之為《從常識到智慧》，並不一定都需要接受知識洗禮。時下有人一聞「常識」便覺俗不可耐，這種人肯定中了自視為「知識分子」的毒。其實真正的知識分子，是擁有足以明辨是非大智慧的人；如今多讀了幾本書，施展出來的只算小聰明。聰明人瞧不起常識，並不代表常識無用；而常識究竟靠不靠得住，則是另外一回事。

　　為人師表三十六載，我始終自認在教通識課；在我看來，這便是高階的常識課。事實上，我兒時啟蒙的頭一門課，如假包換就叫做「常識」。猶記小一入學時，課表上只有「國語、算術、常識」三科；前二

者屬於工具課，唯有常識才是眞正的學習入門課。隨著年級越高，常識發展成爲「自然、社會」，中學以上更分化爲「物理、化學、生物」，以及「歷史、地理、公民」諸知識科目。由此可見，廣博性、綜合性的常識，一步步走向專門性、分析性的知識；而大學及研究所的教學與研究不斷深入，更充分反映出智識教育的分化趨勢。身處於由科學和技術所打造的現今世界，不能說如此不好，只能講這般不足。

二、知　識

　　知識深化的弊端是見樹不見林，要想見樹也見林，唯有透過心靈境界的轉化與提昇，以臻入智慧之境。智慧並非「不可說、不可思、不可議」的神祕體驗，而是對人情事理圓融無礙地把握，可視爲一種「洞察」。近年西方學者採用「分析」的方式，羅列出所謂「多元智能」，從而令古聖先賢那種渾然一體的洞察能力，只能被視爲難能可貴的「大智慧見」了。平心而論，智慧之見容或需要「頓悟」效果，但之前的「漸修」工夫同樣很重要，這或許即爲知識學習的價值。禪宗公案云：「如今親見知識，有個入處，見山不是山，見水不是水」，大致便是漸修之際見樹不見林的寫照，但其僅屬過程而非目的。

　　老僧講到「親見知識」，其實指的就是「師父引進門，修行在個人」；「知識」正是老師的代稱，這與如今老師在學校將專門知識傳授學生的情形不謀而合。放在現實中考察，目前我國在少子化的趨勢下，幾乎人人都有大學可念，高等教育完全不算是稀有資源。而大專院校以科系分工、科目授課，再用學分加總取得畢業資格，學生要能夠眞正「學以致用」，還是得靠個人的修行本領。尤有甚者，大學裏除了教專門與專業知識外，還規定要選修一定學分的通識課。問題是成績所代表的立竿見影效果，並不見得意味潛移默化必定到位；但後者正是通識教育的眞正用意，也是體制外的新生命教育可以著力之處。

三、智　慧

　　古人會追問「讀聖賢書，所學何事」，人生教給出的答案很簡單，「安身立命、了生脫死」而已。我心目中的大智大慧，就是古今中外聖賢才智如何安身與了生的透澈洞見，即使如宗教家的高遠看法也不排斥。新生命教育海納百川，有容乃大，不會無趣地駁斥宗教觀點，只是退一步存而不論，保持距離，敬而遠之，視之爲單純的美感體驗。在「以美育代宗教」的前提下，萬物靜觀皆自得，欣賞別人的宗教信仰同樣不例外。往深一層看，安身立命的生活智慧，善用多元智能或許事半功倍；但是了生脫死的生死智慧，除非能體會像莊子那樣的頓悟否則不爲功。莊子的生死觀打動了一代又一代的文人，終於留下永垂不朽的作品。

　　莊子超然的生死智慧，很難爲西方人所體證，更不用說接受。傅偉勳曾談及切身經驗：「當我提到莊子願將自己的屍體，供給天上鳥鳶與地下螻蟻公平分享之時，班上即有數位美國學生不堪聽講而離席。我當時想，有堅固的傳統猶太教或耶教信仰的美國學生，恐怕無法忍受莊子這樣『毫無人道』的生死態度。……儒道二家的生死觀，基本上硬心腸的哲理性強過軟心腸的宗教性，……它們的宗教性本質上是高度精神性，而不是彼岸性或超越的宗教性。」這就是爲什麼我將人生教設計成華人專屬的人生信念，畢竟要能夠認同或至少要瞭解中華民族文化背景，方能據此安身立命與了生脫死。

四、融會貫通

　　常識、知識、智慧反映的是我們心靈的感性、理性、悟性三境界，它們屬於心靈的三種作用，雖有層次之分，卻不必然具高下之別，新生命教育的努力則是令其融會貫通。爲達此目的，大家不妨反身而誠，回

頭檢視自己的日常生活，以發現改善之道。在現今華人社會，絕大多數人的學歷都在國中以上，臺灣甚至人人有機會上大學。換言之，或長或短的學校教育，已經提供了一定的系統化知識，使個體學以致用，順利生活於社會之中。但是現今社會並非一成不變，而是與時俱進，個人一旦離開學校未能繼續學習，就有可能不進則退。此時社會教化便有其用武之地，讓社會人士得以終身學習、永續發展。

社會教化的特色是不正式，甚至不正規，可能隨緣流轉，修行就看個人。它最具體的呈現乃爲社教機構，包括空中大學及社區大學，其中不乏系統知識的傳授。但除此之外的各式社教活動，包含網路上的資訊流通，內容就多歸通識或常識了。在資訊工具發達的時代裏，訊息唾手可得，不過需要一定的統整能力，方能去蕪存菁；這種工夫不見得是教出來的，大半還是得靠心領神會，也就接近智慧之見了。行文至此，新生命教育的面貌逐漸朗現：我用文史哲的文化「三部」建構出知識「三域」中的人文域，以統整社會、自然二者所形成的心靈「三境」之理性知識，再融會情感常識與悟性智慧，共同作用於人生「三齡」。

第五節 三 齡

一、生 存

人生教是常識教，也是智慧教；它主張「由死觀生、向死而生、輕死重生」的死生觀，因此既是生死教，更是生活教。人生教在虛無空靈的背景中，看見此生現世的實在，乃堅持活在當下，漸次安頓「生存競爭、生涯發展、生趣閒賞」的人生「三齡」。三齡以學成就業與入老退休爲分判，但並非一刀切，而是在客觀形勢與主觀感受之間漸層發展的，其理想意境分別爲安身立命與了生脫死。就生存競爭而言，中產家

庭出生的孩子，大約要等大學畢業才會感受到壓力。此際學以致用的效益，必須通過一段試誤過程，方才得以彰顯。新生命教育對此務實地建議，有效的學習投資，還是應該列爲首要考慮。

全球資本市場下的工商業社會，如今雖已走進後現代，一般人就業的主要選項，仍然只有官場和職場二途。想爲官必須考公務員，一旦通過則安定生活便不成問題。至於企業職場則海闊天空、無遠弗屆，但必須擁有多元的競爭力，這就跟在校所學的本領息息相關。如今既然大學生滿街跑，想出人頭地，多念個學位或許多一份實力；無論是雙主修或碩士學位，均可視爲策略性投資。今人多爲中等資質，受教育機會彼此相當，在職場上的可被替代性亦甚高，因此如何立於不敗之地，乃是從生存競爭邁向生涯發展的基本考量。管理學教導我們，要找出組織的核心競爭力，盡量形成產品差異化，這同樣可以用於生涯規劃。

二、生　涯

新生命教育的生活智慧教人以安身立命之道，主要在安頓生涯發展歷程，理想階段介於二十五至六十五歲之間，以人生之半盡情發揮，相信足以不虛此生。但新生命教育在出發點上絕不童駿樂觀，反而充分擁抱虛無的基調，卻也不悲觀，而是追求清心寡欲、達觀隨遇的處事態度。新生命教育的初心是「置之死地而後生」，先看一位才子唐伯虎的大智慧見：「人生七十古稀，我年七十爲奇。前十年幼小，後十年衰老；中間止有五十年，一半又在夜裏過了。算來止有二十五年在世，受盡多少奔波煩惱。」如此白描不愧眞知灼見，可謂道盡人生實相。唐寅的煩惱幸或不幸提早結束，因爲他只活了五十有四。

人生不如意者雖無十之八九，但終究少則四五、多則六七。吉凶各半的可能只是常識而已，不過個人卻可以憑著一己的智慧趨吉避凶、逢凶化吉。依此觀之，生涯階段最多不過四十載，花一半時間在安定中求進步，屬於「盡力而爲」的社會責任；另一半時間用於自求多福，則歸

「適可而止」的中隱實踐。職場生涯充滿著成之於人的客觀形勢，人在江湖身不由己，爲了後半生犧牲奉獻理所當然。一旦年過半百，來到人生下半場，以「中年中產中隱」之姿力行「中道」，可謂操之在我的主觀條件。此後大可退居二線，把拼事業的任務讓給年輕人，從而自得其樂、知足常樂，從儒家入世步入道家避世之境。

三、生　趣

　　進入中年、具備中產、追求中隱，可視爲生活智慧的「典範轉移」；從此不再積極進取，轉向「不積極作爲」的守成，但絕非「積極不作爲」的打混。當然「行中道」的關鍵乃是中產身分的到位，否則中隱絕無可能。一個成熟穩定的社會，至少需要七成左右的中產階級支撐，這點在國內已趨於衰退，原因在於兩岸關係不穩定。相形之下，對岸中產人數則不斷攀升，即使只有兩成多，也多達近三億。面對此情此景，執政者必須拋棄儒家玉碎式的「正名」觀，轉向道家瓦全式的「全生」大智慧。以史爲鑑，彼大我小情勢下的南渡偏安政權，只能「無力使智」地維持現狀，與其冒進不如保守，並且靜觀其變，讓時間決定一切。

　　根據常識判斷，兩岸情勢是新生命教育能否順利推展的重大變數。近年國內年輕人在生存競爭的壓力下，前往對岸從事生涯發展，已成熱門的多元選項：如今大陸更加「讓利」，以頒發居住證給予臺胞準國民待遇，退休人士前往生趣閒賞亦不無可能。而這一切都拜兩岸不斷發展出中產社會之賜。既然眼前已無革命的環境，唯有盡量製造改革創新的契機；以談判代替對抗，嘗試用經濟共同體的大纛，全方位覆蓋兩岸關係，或許是今後不可能中的可能。通過「生趣」的想像，採取前總統候選人李敖的逆向思考，主動去跟對方談條件；說不定有機會推動哲學家勞思光所建議的「大中華邦聯」，走向從量變到質變的互利共榮境地。

四、生命學問

　　妥善安頓人生「三齡」無疑為人人心之所嚮，但在現實環境中，華人社會其實存在著各種張力；目前即有大陸對香港和臺灣抱持的「統一」態度，不允許任何型態的「獨立」發生。但港臺二地的處境實有本質上的不同，不可不辨。簡言之，香港是在人民共和國的行政特區內鬧獨立，而臺灣則屬延續民國香火的南渡偏安政權，根本沒有獨立與否的問題。偏安造成不得已的犬儒化，大陸學者鄒詩鵬發現：「明哲保身、君子慎獨，但因世之污濁而又不得不出入污流，乃不得已的犬儒化，如是『犬儒』大抵還保持著自身的清醒，如……莊子、竹林七賢，作為一種處事態度，……可謂『出世之犬儒』。」

　　莊子和七賢都是道家人物，哲學家馮友蘭指出道家講「全形葆真，不以物累形」，並進一步詮釋：「在道家思想的發展中，保全自己的方法越來越精細。……然處此世界，『我』即不自傷其生，而他人他物常有來傷『我』者。『我』固須不自傷，亦須應付他人他物之傷『我』。……楊朱一派的『不入圍城，不處軍旅』，使『我』免遭傷害，也就是『避』的辦法。」以道家的出世避世，對治儒家的入世用世，是亂世不得已之舉；而目前雖非亂世，卻隨時有動亂的可能，道家仍極具參考價值。覆巢之下無完卵，兩岸宜共同集思廣益，以保障彼此的中產生活，作為未來唯一出路。道家思想在此實扮演著關鍵性的生命學問角色。

結　語

　　「萬物靜觀皆自得」非出自道家之口，而是大儒程顥的閒情詩句，同樣深具智慧，為新生命教育的建構寫下傳神註腳和結語。人生教推崇「性靈的靈性」，靈性即精神性，性靈原屬文學書寫風格，可引申

為生命情調的抉擇。此一抉擇必然要扣緊個體生命所座落的時空脈絡方不致掛空，回顧民國的臺灣從結束日本統治至今已歷七十餘載，完全沒有戰亂，實屬我輩一大幸運和福氣。今後如何繼續「全形葆眞，不以物累形」，就要看此岸如何通過民主程序，作出最明智的前途決議。莊子所言「生也有涯，知也無涯」既是常識也是智慧，人生教理想人格乃是「思者醒客、智者逸人」；深思熟慮的出世避世，正是當今處世的大智大慧。

第二章

新生命教育學

摘　要

本章嘗試建構「新生命教育學」，以利作為學生生命教育成人版及擴充版的新生命教育永續發展。新生命教育學在本質上屬於新生命教育的教化哲學，全文共分五節，首節即對此一義理取向加以定調，再於二、三、四節分別鋪陳其中的認識論、本體論和價值論，並強調三者皆需由西方哲學向中土義理轉向，以彰顯人文化成民族精神的體現。新生命教育學的建構秉持「西用中體」原則，採取「從人生看宇宙」視角，發現「後科學人文自然主義」奧義，最終體證出「空靈之美」核心價值。西方思想發現人生本虛無，諸事多荒謬，容易陷入疏離失落；一旦轉向東方，遂發現空靈之美足以帶來生機盎然，亦包括好死善終及縱浪大化。

引　言

我大半生從事教職，反身而誠，自認始終在教學相長，以逐漸完善一套理想中的人生哲學；用現在的話來說，我一直是在推廣生命教育，近年稱作「大智教化」，如今更表述為「新生命教育」。去歲行年入老，出版回憶錄《六經註》以標幟里程碑的意義；未料於屆老前後靈光不斷湧現，不吐不快，竟一氣呵成嶄新論述十餘萬言，亦即本書各篇章。其中我有意系統化建構「新生命教育學」，用以彰顯有關生命的知識與學問以及義理與意理，更反映出全書四篇的次第發展和揚昇態勢。大智教化或新生命教育是官方政策下生命教育的民間版、成人版、擴充版與升級版，將之深化建構，可視為教化實踐又一回更上層樓。

第一節　新生命教育

一、生命教育

　　生命教育是上世紀末形成於國內的在地政策，適時碰上教育改革浪潮，而於課程革新之際，意外彌補了「缺德」之失，近年更關注到美感體驗的重要。我們的教育雖然號稱五育並重，卻往往特厚智育，兼及體育，其餘德育、群育、美育則聊備一格。昔日分科教學之下尚有所保留，九年一貫當道後德育課遂不復見，乃被譏爲「缺德」改革。不過因爲社會遭逢天災，讓當局開始正視生命教育；加上首度政黨輪替，由熱心此道的心理學家曾志朗當上教育部長，而有「生命教育年」及持續性中程計畫的推動。算來生命教育自1997年啓動至今已屆二十二載，大幅取代了傳統德育的任務，還另外添增一些新興課題，多少能夠與時俱進。

　　官方生命教育自始便完全面向學校，主要針對未成年學生，關鍵時期落在高中階段，形成爲類型化正式課程，共八科十六學分提供選修。這些課程向下稀釋爲體驗或潛在課程，甚至達於幼兒園，向上則發展爲大專通識課。高中正式科目除入門概論課外，其餘進階課包括「哲學與人生、宗教與人生、生死關懷、道德思考與抉擇、性愛與婚姻倫理、生命與科技倫理、人格統整與靈性發展」七科。雖然如今這些課程已重組轉化，並融入十二年國教綜合活動領域中，與生涯規劃及家政共同構成四學分必修課，但其精神不但未有所變化，反而更加偏重哲學，還包括人學。西方人學與神學相對，探討人生活動之種種，理當受到重視。

二、教育哲學

　　生命教育在施行之初即由教育部組成推動委員會，請哲學家主持課程規劃；而當它被設計成取代傳統德育的系列課程，哲學相關科目自然占了大半，七科有四科皆屬之，另三科分屬心理學、宗教學及生死學。我正是從生死學踏進生命教育，後來則通過教育學深化之。身爲正宗哲學博士，我不曾專事哲學系所，反而先後任教於生死所和教育所，竟意外開啓生涯發展途徑，亦即跨學科及跨領域的應用哲學教學與研究。花甲退休前，我於教育所連續任教長達十二載，主要便講授「教育哲學研究」及「生命教育研究」二科，且一度融會貫通另開「教育倫理學研究」；教學研究之下，發現三者實有相輔相成之處。

　　依我之見，教育倫理學歸於教育哲學的分支及深化；相對於取代傳統德育的生命教育主要針對學生，教育倫理學則指向教師而發，同時包括師德學。由於教育學被歸爲社會科學，教育哲學之於我便屬於跨學科及跨領域的教研工作，這正是應用哲學的特性。教育哲學在哲學系所鮮少被提及，卻是教育系所的核心課，連中小學教師檢定都列爲必考，多少拜百年前杜威曾來華講學及推廣之賜。當初我爲了用心傳授這門課，乃傾全力寫成一部十六萬餘字的教科書，並愼重添上副題《華人應用哲學取向》，以示不同於其他類似作品的著眼之處。明確標幟「華人」，反映出我年逾半百之後，治學道路上的心之所嚮，本書亦持續維繫之。

三、自我教化

　　身爲學者教師，邊教邊學促成教學相長，也令學生受惠；由於自認全在講授人生哲理課程，遂產生自度度人之效。在推己及人的過程中，首先進行的當然是自我教化。人生課重於我口說我心、我教故我在；積三十載之經驗，我終於在花甲之年拈出「大智教化」的自我貞定方便法

門，至今日益精進，乃更上層樓爲之建構「新生命教育」及「新生命教育學」。相對於體系制度性的學校教育，教化可視爲隨緣和隨喜性的自我教育與社會教育。不同於機會教育的被動，新生命教育自有其積極主動的中心思想，此即對於「安身立命、了生脫死」兩大人生課題的自我貞定與實踐。對此我已撰成數種專書，眼前僅就實踐之道略述一二。

　　自我教化首重自我貞定，反身而誠，無向外馳求之誤，它對於上述兩大人生課題的作用乃是殊途而同歸。人類發展學將人生分爲三齡：出生至就業爲「生存競爭」第一齡，就業至退休爲「生涯發展」第二齡，其後則爲「生趣閒賞」第三齡；安身立命屬第一向第二齡收成，了生脫死則爲第二向第三齡圓滿。自我貞定即是對此一過程由加法朝減法過渡的瞭然於胸，畢竟是非成敗轉頭空，而教化的目的便在於領悟其間的空中妙有。這種說法聽起來的確有些玄妙，但我積大半生體驗所得，就在於想表達與推廣這種「順乎自然」、「爲而不有」的人生妙諦。吾十有五即對此深爲所動，半世紀後更是深信不疑。

四、人生教義

　　近年我嘗試通過羅蒂式「反諷」的苦口婆心，將新生命教育中心思想打造成擬似宗教的「大智教」、「人生教」，願能自度度人。如今爲建構新生命教育學，有必要對人生大智教的教義進行檢視並予再思。人生教作爲常識性的生活教，教人以安身與了生之道，其內涵爲「後科學人文自然主義華人應用哲學」，簡稱「天然論義理學」或「天然哲」。這是一套哲學思想，但「哲學」在此並非取其現代義，而是以後現代觀點重構其前現代奧義；此即西方集諸學於一身的「愛智之學」，以及中土文史哲不分家的「義理之學」。重構的目的是解構其學院體制化桎梏，還其本來面目，以激發人心的「愛智慧見」，從而直指人心，明心見性。

　　人生教是從古今中外聖賢才智的大智大慧中，汲取足以提供身處

後現代華人社會的百姓大眾，一套得以安身與了生的心理建設和精神武裝。爲達此目的，首先必須確定「西用中體」的思考路線；以中土文化爲核心「主體」，西方思想爲外圍「應用」，勿使本末倒置，以免靈性漂泊無根。既取「西用」爲方法，本章接下去將以三節篇幅，分別根據西方哲學的認識論、本體論、價值論三大面向，爲之從事「中體」轉化，用以造福國人。不同於所謂主流的、正向的路線，我樂於大力宣揚看似另類的、逆向的論述，以發揮醍醐灌頂、當頭棒喝的大破效果，此即以認識論的實用主義去轉化本體論的虛無主義和價值論的自然主義。

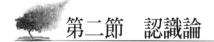 第二節　認識論

一、效益主義

將西方哲理轉化爲中土義理，可視爲在後現代「無不可」精神指引下，以復古爲創新的努力，最終目的還是在於當下改善世道人心。人既無逃於天地之間，就應學會頂天立地；現代人已難以離群索居，但可選擇「無求於人，亦不爲人所求」的「中隱」之道。「中年中產中隱」是我所提倡的理想後現代生活，於生存向生趣過渡長達四十載的生涯時期，逐漸從有爲走向無爲，此乃「不積極作爲」的自適生活，而非「積極不作爲」的混世頹廢。個人自覺走向無爲的最大好處，是不給社會添亂，其最高境界即「小國寡民」的桃花源。但此一境界可遇不可求，只得退一步想，盡可能讓大多數人能夠從小確幸走向中確幸，更達於老確幸。

爲多數人爭取幸福的思考方向，來自近代英國的效益主義，這是一種本於經驗主義認識論的社會實踐，於現代傳至美國後開啓了實用主義。西方哲學創始於兩千六百年前，主要探索「宇宙與人生」，後世將

之歸結爲本體論和價值論。哲學思想長期本於直覺或信仰，直到四百年前笛卡兒拈出「我思故我在」命題，遂形成思者自覺的認識論。認識論被視爲大邏輯，屬於大處著眼；其與探討思維方法的小邏輯相互輝映，後者針對小處著手。四百年來大邏輯一方面走向學院化的專技哲學及科學，另一方面則逐漸扣緊國計民生而發，英美一系從效益到實用的實效路線即屬之，至上世紀八零年代更創生了應用哲學新路數。

二、實用主義

一般多以實用主義爲最能代表美國特色的哲學思想，所言不差，而長壽的大哲杜威對此功不可沒。杜威自十九世紀中葉活至二十世紀中葉，著作等身，影響深遠；尤其因爲民初來華講學長達兩年，更是「西學爲用」的一大標竿。杜威大力提倡實用主義，且以教育家之姿宣揚「教育即生活」，同時更用哲學家身分開創教育哲學，作爲教育生活的基礎。杜威思想於教育哲學中被歸爲「進步主義」，這反映在他對科學的高度認同、對宗教的存而不論，以及對民主的充分信任之上，落實而爲一系進步的教育實踐，影響到美國和中國的教育政策之制定。當然任何思想都會由盛而衰，實用主義也不例外，但上世紀末它又反撲而來。

新實用主義的代表人物是羅蒂，它以獨到的愛智慧見，引領人們從現代走向後現代，在美國迎接歐陸，更棄哲學步入文學，處處皆開風氣之先。說他棄哲學並非空言，他的後期思想幾乎要解構掉既有哲學，並樹立更大範圍的人文學大旗取代之；此舉既有回歸哲學愛智本原的作用，更可呼應中土文史哲不分家的傳統。新實用主義雖然跟同時期興起的應用哲學非出於一源，卻有相輔相成、相得益彰之效。人生教義基本歸於應用哲學，在認識論面向上認同從效益走向實用的實效認知路線，從而落實主要爲教育及教化的生活實踐。秉持「教育即生活」的精神，哲學就不致深陷象牙塔之中，而新生命教育學也得以奠定哲學基礎。

三、西用中體

　　新生命教育是針對華人社會而改善生命教育的努力，現階段主要著眼於臺灣人的處境。臺灣乃是地理名詞，現有中國歷史內偏安政權之一的中華民國正座落其上，而與中華人民共和國並存，彼此並無從屬關係，但僅能以認同中國作為相安無事的底線。史上偏安政權多存在一、兩百年之久，民國在此屹立七十載，只要不輕舉妄動，應無危急存亡之險。目前國族認同問題可留待日後兩岸領導人以政治智慧解決，當下我們可以做的事，乃是盡量協助百姓安身與了生，此即新生命教育的任務。安身立命指安頓身心並樹立理想，多靠經濟生活穩定方得實現。如今國人幾乎全都過著西式生活，但能否與本土文化產生綜效，值得再推敲。

　　本土文化即指中華文化，臺灣在地文化的根源則歸閩南文化；二者層次大不相同，不可不辨。新生命教育鼓勵人們營造「中年中產中隱」的自適生活，由於它跟主流觀念和價值有所出入，亟待通過認識論轉向以去蕪存菁、推陳出新。而哲學三大面向的轉化變遷，直接涉及一整套認知「典範轉移」，亦即思想信念的除舊布新。此一轉化並非隨興所至，而必須夯實「西用中體」的大原則方得踏實奠基。「中學為體，西學為用」觀點原本為百餘年前次殖民地救亡圖存之語，不免屬於自我心理安慰；但新的「用體觀」則歸後現代後殖民論述，用以自我貞定本土文化的主體性。主體性在西方雖為後現代所棄，在東方仍有其貞定之必要。

四、認識論轉向

　　建構新生命教育學首先必須通過哲學三面向的轉化與創新，這便是在「西用中體」大前提下，從「西學」逐漸擴充至「中學」，以利生

命教育所針對的「天人物我」課題，得以達到「文理並重、東西兼治；物我齊觀、天人合一」境界。人生教在認識論上認同羅蒂的新實用主義，把哲學認知從學院講壇遷移到現實生活中，讓生命教育眞正實現爲生活教育，以體現「哲學即生活」、「教育即生活」的活學活用。尤有甚者，人生教爲服務華人社會，希望盡力呈現爲各門各派宗教信仰的另類選項；尤其是對於宣稱沒有任何宗教信仰的人，提供一套足以實際應用的人生信念，用以於第一至第二齡安身立命，於第二至第三齡了生脫死。

　　從歷史的縱深看，哲學的主題始終都是宇宙與人生，亦即本體論和價值論；雖然西方在晚近發展出作爲大邏輯的認識論，東方卻始終沒有相對應的產物。換言之，在討論建構新生命教育學的義理時，認識論轉向並非第一義的本質性問題，而屬第二義的方法或工具性問題。這並非指認識論不重要，但於中土義理內，它並非核心關注；連宇宙都不算，重點在於人生，包括「從人生看宇宙」。當代儒者唐君毅的此一論點，在另一位儒者牟宗三看來，便是相對於「知識中心」的「生命中心」觀照下之「生命學問」。從知性的認識轉向情意的體認，最終竟奇妙地解構了認識論在中土思想上的必要。

第三節　本體論

一、存在主義

　　可以這麼說，中土義理需要的不是邏輯論證或理性分析，而是心性體認或心領神會。然而身處二十一世紀華人社會，作爲新生命教育的人格典型，即以「後現代儒道家」爲依歸的「知識分子生活家」；這雖不能完全擺脫西學影響，但是可以採取西用中體的認識進路，去蕪存菁地

吸納西學之長，像是主觀主義、意志主義、存在主義、虛無主義的大智大慧，就足以跟中學相互呼應，尤其是道家與禪宗思想。不同於孔子避重就輕地講「未知生，焉知死」，存在主義哲學家海德格通過逆向思考而拈出「向死而生」的慧見，大可視爲「未知死，焉知生」的認識論轉向，予人豁然開朗之感，從而擺脫對所謂主流思想及正向思考的迷思。

沒有錯，人在年輕面臨生存競爭時，的確需要一些激勵心志的想法，以有助於順利走向生涯發展；然而一旦安定下來，卻相信仍然能夠不斷進步，就可謂陷入顛倒夢想。倘若人生果真是「向死而生」，則盡可能頂住生命與生活不斷衰退及崩解，已經謝天謝地了。在這一點上，存在主義者卡繆《薛西弗斯的神話》一書中講推石頭上山的徒勞，將人生的荒謬性描繪得淋漓盡致。不過在西方眾多思想家當中，作爲主觀主義及意志主義代表人物的叔本華，可算是真正突破創新而能夠提出愛智慧見的大哲，他受到原始佛教空義影響，澈底顛覆西方數千年來放不下追求理性客觀世界的迷思，從而彰顯出人心人性中情感與意志的重要。

二、虛無主義

從思想系譜來看，叔本華影響了尼采，尼采則影響了存在主義；存在主義雖從叔本華同時代的基督徒齊克果獲得靈感，卻在反基督的尼采身上看見難以消解的張力，尼采自認此即虛無主義。在尼采心目中，虛無主義意指意義的缺失，但這並非由宗教式微所導致，而是對不合時宜的教義在世紀末日趨虛幻，卻仍被信徒誤信所導致。他希望由於虛無主義的降臨，足以讓世人作出深刻反思，將命運操之在己而非讓位於神，這正是存在主義思想的前驅。存在主義受到齊克果反身而誠的啓蒙，強調唯有自覺地作出言行抉擇的人才算真正「存在」，如此排除其他事物，包括渾噩混世。只有人真的存在方能體現哲學性虛無，餘皆不足論。

尼采之前的齊克果以信仰體現存在，其後海德格則走向無神；然而

他卻碰上無法合理詮釋虛無狀態的困境，從而嘗試在中國道家思想內尋找出困之路。二戰後他跟旅德學者蕭師毅合譯《道德經》，始終未盡其功。道家講「有生於無」，佛家講「色即是空」，這些論述都必須用心領神會來體證，並非糾結於形上思辨及邏輯論證的海德格所能把握。尤有甚者，此種參悟的工夫並非西方思路之所長，需要通過心智典範轉移方能達致。新生命教育在這方面的貢獻，正是通過西用中體的途徑，將西學引領進入中學的思路上，如是便可以將虛無所產生的失落，轉化為空靈所帶來的喜樂。空靈不會退化為無，而是揚昇為有，空中妙有也。

三、空中妙有

「空中妙有」為佛家語，希望穿透對「空有」及「非空非有」的矛盾心思，直指世界之本然。其實人們經常掛在口中的「世界」也是佛家語；世界即指「世間」，包括宇宙與人生二端，前者稱「器世間」，後者為「情世間」。「世間」是未脫迷障的有情眾生之居所，表現為「生住異滅」與「成住壞空」；而大澈大悟的佛菩薩則位於體證出「不生不滅」與「不增不減」的「出世間」。佛家的空義源自印度，傳至中土出現重大變革，尤其是從因果輪迴的宿命，走向此生當下的把握，禪宗的「平常心即道」便屬之。不同於印度佛學堅守輪迴觀點，中土禪宗若不以宗教視之，實足以跟道家思想融會貫通，生死學家傅偉勳即對此有所肯定。

回到大智教化或新生命教育所面對的日常生活上面來，華人何其有幸，能夠在人文化成的薰習下，將心理上的虛無失落感受，提昇為精神上的空靈妙有境界。以人際互動為例，與人萍水相逢，無以為名遂取「緣分」之說視之；然此說實由印度的「緣會」及中土的「名分」組合而成，象徵文化的統整。緣會的根源在於「緣起性空」，屬於偶然際遇；名分的根源則在於「五倫」，歸於必然倫常，尤其是血緣關係。傳統哲學的本體論主要探索與「現象」相對的「本質」，難免玄之又玄、

不知所云；後現代應用哲學的本體論則關注宇宙與人生的本來面目，包括與人相處以及自處之道，平易近人，毫無神秘之處可言。

四、本體論轉向

傳統的本體論多少有些神秘或玄妙色彩，對一些扣緊感官經驗思索及行事的人來說，不免多餘，甚至欲去之而後快，上世紀初的「取消形上學」呼聲便是一例。其實本體論正是哲學之所以爲哲學的核心關注，一旦取消也就不成其爲哲學了。西方哲學探索對象不外宇宙與人生，倘若能將本體論對焦於宇宙，以價值論對焦於人生，則哲學發展就能夠與時俱進、推陳出新，而不致成爲過時的冷門學科。由於價值論包括倫理學和美學，針對人生堪稱穩當；然而本體論早已將探究宇宙的自然科學排除在外，要找回原本的銜接點，就必須恢復幾已失傳的自然哲學之地位。自然哲學的發展歷史，適可作爲本體論轉向的起點。

本體論從西學轉化至中學，不能繞過科學技術問題避而不談，尤其當今已屬科技掛帥的時代社會，即使於新生命教育的安身與了生使命欲回歸中土文化，也需要對從後現代視角就科技對人生的影響有所反思與批判，這正是人生教義「後科學人文自然主義」的眞諦。此中人文及自然主義容後再議，僅論後科學的部分以開創轉化方向。若以自然哲學作爲本體論轉向的始點，將科學史與哲學史對照地檢視，從西方走進東方，將會發現人類文明在現今融會與衝突的來龍去脈。科技發展既造福人群也製造禍端，當科技無法解決自身的破壞性，就需要請應用哲學代勞。華人應用哲學主張從人生看宇宙，可謂充滿新意。

第四節　價值論

一、人文主義

　　哲學關注「宇宙與人生」，我的博士論文正是以此爲題加以發揮，順利取得學位後，正式展開教師生涯至今。我嘗對學生言，人生在世必須學會頂天立地；天地之間就是宇宙時空，上下四方、古往今來之謂也。根據我的發現，長達兩千六百年的西方哲學，主要探討的多歸於宇宙本體，至於人生價值則交給宗教處理，尤其是基督信仰。而當十九世紀末尼采大聲疾呼「上帝已死」，令人耳目一新，其後百年遂陸續出現三個版本的〈人文主義者宣言〉，明確跟基督宗教劃清界線，其中一個版本正是由杜威領銜。在深具宗教氛圍的西方世界，人文主義即代表無神論，但於體制宗教不彰的中土，它僅反映人文化成。

　　面對西方語境，「人文主義」有時譯爲「人本主義」或「人道主義」；以人爲本乃相對於「神本」，無神的存在主義者沙特便明確標幟「存在主義是一種人本主義」。但是放在中土脈絡內，「人文」係與「天文」相輔，講大化流行之內的人文化成。中華文化源遠流長，自漢代獨尊儒術的兩千多年來，儒家思想以及伴隨的禮樂教化早已內化於世人身心，連異族統治者也不例外。清末民初西學東漸，有些留洋學者根據西方觀點撰寫中國哲學史，像胡適就將儒家與道家思想分別貼上「人文主義」和「自然主義」的標籤。如此分判雖無可厚非，但不盡得當，必須經過本土轉化始到位。由於儒道之學主要關切人生安頓，遂歸價值論議題。

二、自然主義

我的哲學訓練集中於科學哲學，碩、博士論文皆專研此道。依科學史記載，科學係於四百年前歷經一場知識革命，由自然哲學脫胎換骨轉為自然科學。形成於十七、八世紀的科學革命並非單一事件，而是伴隨著工業革命、政治革命、宗教革命生成，機械生產、民主憲政、基督新教、人文主義等自此應運而生，至二十世紀遍地開花，哲學也歷經從前科學通過科學洗禮再走向後科學的進程。期間有些科學家涉足科學哲學而自稱「科學人文主義者」，標榜與基督宗教道不同不相為謀。有些人文主義者更表明自己也是「自然主義者」，以示不接受信仰中創造主的「超自然」力量與地位。由此可見人文主義與自然主義的西方文化根源。

基於西用中體原則，人生教自我貞定為「後科學人文自然主義」；其中僅「後科學」體現西方後現代精神，「人文自然主義」則取其類比意義，而泛指「儒道融通」下的「儒陽道陰、儒顯道隱、儒表道裏」之奧義。儒家講「人文化成」自不待言，道家強調「道法自然」更是經典。但是道家的自然主義並非與超自然神明相對，而是指向「順乎自然」、「自然而然」下的事物本真面目。這是一種本體與價值、宇宙與人生合流的中土義理觀照，西方人不容易領略，就像海德格面對道家思想的嚮往與無奈。但是華人生活在這套文化系統內，很容易感同身受、心領神會。歷史上三位著名文人陶淵明、白居易、蘇東坡的生平便是明證。

三、中隱之道

中土漢人以農立國，雖曾歷經異族統治，但長期以來，讀書人通過薦舉或科舉取士為官的傳統始終未變。在上世紀初科舉結束前兩千多

年的大半，士人的出路只有官場而無職場，一旦辭官就只能回家務農，陶淵明便是一例。類似今日的商業社會自宋代開始萌芽，至明代轉入興盛；白居易及蘇東坡必須堅守官場，而唐伯虎則可以鬻文賣畫維生。綜觀古代文人的生平起伏，幾乎無不以儒者之姿起步，希望通過修齊治平的階段發展安身立命。但是人在江湖終究身不由己，治世當然容易獲得晉用，亂世則避之唯恐不及，「仕」與「隱」的出處之道，遂成為千古哲人文士必然要正視與重視的問題，且稍一不慎便可能引來殺身之禍。

　　從新生命教育視角回顧，兼濟獨善、仕隱出處基本上反映了儒道人生的存在抉擇，不是做官便是回家自食其力。以陶、白、蘇三人為例，蘇、陶分屬過與不及，唯有樂天知所進退，恰到好處。東坡「一肚皮不合時宜」，被貶至天涯海角雖逆來順受仍屬過分；靖節「不為五斗米折腰」，歸處田園卻落得三餐不繼可謂不及。相形之下，白居易於中年眼見官場險惡乃悟出「中隱之道」，自願靠邊站卻不辭官，其間碰上朝廷劇變，卻因此躲過一劫，平安活至七十才致仕安享天年。當閒官中隱可遇不可求，卻始終為古代文人所嚮往；新生命教育提倡「中年中產中隱」，正是希望今人命過中年務必進入中產，再以「不積極作為」的中隱終老。

四、價值論轉向

　　「中年中產中隱」乃是臺灣民眾身處後現代資本主義社會最佳自持之道，也是讓中華民國偏安政權長治久安適當途徑。有力使力，無力使智，新生命教育教人以識時務者為俊傑；面臨對岸彼強我弱，只能使智而非情緒用事。兩岸並存的事實已歷七十載，此際不宜採取儒家式「正名」的思考模式與之對抗，而應走向道家式「全生」途徑，用以善保百姓福祉。這種安身思想的改變，屬於新生命教育眼中價值論的二度轉向，頭一回只算是人生信念的遷移。作為偏安超過一甲子的政治實體，近年卻以反中、正名的姿態來支撐主體性，除非有機會成為花旗國附

庸及兒皇帝，否則就是多此一舉，還不如重拾「中國人」話語權來得務實。

　　大陸雖以強鄰壓境，但在同屬中華民族的事實下，認同「兩岸一家親」大可解套許多無謂煩惱。尤其是即將成為全球第一經濟體而不斷「讓利」給臺灣的磁吸效應，我們唯有積極對話，方能換取一些喘息時空，否則只會迅速消亡。新生命教育主張「從人生看宇宙」，國人現實生活中的天地時空不時被對岸擠壓，即使以民粹式選舉或公投反映出頭天，但是又何奈？政治智慧在於「爭一時也爭千秋」，偏安政權不等於地方政權，盡量以不變應萬變或可找到出困之路，不斷以小動作刺激對方做出激烈反應以換取選票絕非良策。太陽底下無新事，有的只是雜瑣事；選舉語言和動作明眼人一看便知，不必當真，否則只會自尋煩惱。

第五節　新生命教育學

一、去溫情

　　為文建構新生命教育學，是想貞定以中土文化為基礎的教化實踐之教育哲學，分為認識論、本體論、價值論次第舖陳即屬之，以下則對新生命教育學「新」的意涵略作闡釋。作為生命教育成人版及升級版的新生命教育，首先要破除的便是充斥於前者的童騃式溫情主義；尤其是在類似教團或康輔氛圍中，被諸如帶動唱等儀式般喚起的那顆「柔軟的心」，更是必須慎思明辨予以節制，否則容易失焦。生命教育包括德育、群育及美育，可作為多元價值教育，但不應淪為單元宗教教育。臺灣的學校生命教育有不少宗教團體護持，宗教勸人為善固然是好，但各教團及教派間的門戶之見卻深不可測，如此任何良法美意都要大打折扣了。

　　溫情滿人間不是不好，而是不足。官方生命教育課程以高中爲標竿，向上銜接大專通識教育，向下則落實紮根於九年一貫。正式課程規定學理講授占六至七成，體驗活動爲三至四成。當然孩子越小體驗比例越多，不過帶動唱那一套「抒情」只適合國中小學生，高中以上多需要「講理」。但是如今生命教育卻朝向準宗教活動發展，不但師資培育定於一尊，連學術研討都是一團和氣，幾乎不見哲學批判精神。爲彌補此等缺失，以成人爲對象的新生命教育，絕對不走宗教教誨或心理輔導的老路，而是推陳出新朝向哲學諮商及自我教化途徑設計課程。去溫情就是擺脫威廉詹姆士所稱宗教性的「軟心腸」，轉而提倡非宗教的「硬心腸」。

二、反媚俗

　　新生命教育絕不致寡情或無情，但盡量想避免激情與濫情；小兒女式溫情和熱情或許無傷大雅，鼓動激情的政治意理才是洪水猛獸。捷克小說家米蘭昆德拉的大智大慧，在於清楚看見民主自由與極權專制體制之下的政治活動，本質上都是同樣的媚俗與濫情，皆需敬而遠之。這的確是眞知卓見，君不見國內政客扮正義之士罵對岸欺凌打壓，回過頭卻不是譁衆取寵便是黨同伐異，極盡僞善之能事。仔細觀之，世俗並無不妥，只是稀鬆平常；人們隨俗趨時髦追流行無可厚非，然而一旦走過頭成爲媚俗，不斷迎合別人以期待掌聲，就屬於捨本逐末甚至人格扭曲。尤其現今科技發達，製造不少「網紅」，政客趨之若鶩，更是媚俗透頂。

　　在其著名小說《生命中不能承受之輕》中，昆德拉一方面大肆刻薄「媚俗」之輩，另一方面則高舉「非如此不可」的必要；後者即是擇善固執的存在抉擇，而以反媚俗爲判準。昆德拉的作品受到存在主義影響，很在乎內心的自我覺察、自我抉擇以及自我決斷，以免因爲媚俗地跟著人群瞎起鬨，從而走向相反的自絕生路甚至自掘墳墓的困境和悲

劇。人貴自知，存在即自知。新生命教育受到存在主義啓蒙，發現人生在世能夠眞正頂天立地而不人云亦云、隨波逐流並非易事，太多成年人由於過度社會化而被社會所消化。生命學問既然要善盡個人與民族之心性，就必須有爲有守，尤其是懂得擺脫媚俗，進而超凡脫俗。

三、非宗教

我自認相當具有宗教感，卻對制度化宗教深具戒心，更敬而遠之。就像年輕時一度受革命情懷吸收入黨，我也曾於中年因緣俱足皈依教團；但是不久便大澈大悟，發現教團的宰制人心跟政團的黨同伐異如出一轍，皆屬斲喪人性本眞的「巨靈」，一如霍布斯所形容的國家機器。或許是稟性氣質使然，我從吾十有五有識之日起，就不曾對儒家倫理及各門宗教教誨感到親切；不久發現存在主義、道家、禪宗一系的「獨善」工夫深獲我心，但最感興趣的人物還是叔本華。我敬佩他窮畢生精力爲自身存在找理由，卻得出悲觀主義的結論，這才是眞正的大智大慧。叔本華啓發了尼采，令其發現宗教信仰的奴性黑暗面，更屬智慧之見。

宗教必然爲團體活動，信仰卻要求個人抉擇；我創立人生教純屬反諷，但要求每個人擁抱屬於自己的人生信念，並且有信心毅力堅持到底。我的人生信念正是人生教，它秉持開放的「後科學人文自然主義華人應用哲學」，自度度人「安身立命、了生脫死」，這並非宗教而是教化。宗教「立宗設教、度化信衆」，一旦分門別類便形成門戶之見；在臺灣拜神佛的人看不起「信洋教」，而洋教徒則對民間「拜偶像」深表反感。雖說社會上有信仰自由，但宗教間勉強可能對話，絕對難以融合。新生命教育面對各門教團定於一尊的極端態度，乃決定退一步海闊天空，完全不碰宗教。非宗教不是反宗教，而是存而不論，同時另謀出路。

四、新美育

　　不同於官方學校生命教育樂於接受各門各派教團的護持，來自民間的新生命教育自始便明確認定要跟各種宗教信仰的現象及本質劃清界線，同時敬而遠之。這並非草率決定，而是深受蔡元培「以美育代宗教論」的大智大慧所影響，乃將新生命教育的核心價值歸於美育而非德育。此一看法跟我對倫理學和人生哲學的分判彼此呼應；我立足於「獨善」理想，發現倫理學主要在處理人際關係的安頓，人生哲學則足以通過「慎獨」而沐浴在人生美感體驗之中自得其樂。我樂於承認自己是通俗道家信徒，希望人生盡量「無求於人，亦不爲人所求」。此種避世思想不同於儒家的入世，也有別於佛家的出世，其最高境界正是「中隱」。

　　由於胡適和馮友蘭甚至梁漱溟等大哲，都表示華人大多「沒有宗教」或宗教感薄弱，此即指不加入教團確爲一大特色。新生命教育主要面向成年國人，因此大可繞過宗教信仰不談，僅視之爲一群又一群信眾的美感體驗，乃存而不論，另外提倡一套足以獨善的人生美學，用以安身與了生。倘若中隱是安身的歸宿，則善終及自然葬則代表了生的通透。中隱宜「不積極作爲」而非「積極不作爲」，善終表「應盡便須盡」，而自然葬則「縱浪大化」、「不封不樹」，這些都歸於道家豁達的表現，溯其根源可上達被傅偉勳封爲「中國生死學的開創者」莊子。由死觀生足以發現空靈之美，這正是新生命教育所要傳授的新美育。

結　語

　　本章列爲首篇〈新人生〉的建構論述之二，代表我在義理之學與意理之道的更上層樓，從而發現自己更接近生命情調的核心價值，那便是空靈之美。五十有五我受到一本書的啓發，開始尋找「中國傳統文人

審美生活方式」；耳順之年我拈出「大智教化」之說，用以擴充生命教育；二者心得一一化爲文字，前後共出版四種專書，而於入老之前有所豐收。其中最新論著《六經註》付梓之際，彷彿意猶未盡，乃有本書之續作；近十五萬字初稿，費時五月餘，大致完備。推廣新生命教育、建構新教化意理，將是我暮年餘生不二職志，盡力而爲，適可而止。思索與寫作的過程本身，正是醞釀並欣賞空靈之美的生命流轉，道喜充滿也。

第三章

我的應用哲學

摘　要

本章嘗試通過後現代思想家羅蒂的「反諷」路線，以建構我自己非純哲學的應用哲學論述，而出發點則是現代科學哲學家波普的「常識實在論」。我首先檢視對於哲學的後設觀解，以常識、知識、智慧三部曲肯定愛智之學的可能。其次就懷疑方法將認識論置於本體論與價值論之前，以活化哲學的內容。我的應用哲學建構前後長達四十載，從西學走向中學，自宇宙回歸人生，進而發現文史哲不分家的義理之學及意理之道。回顧此一建構歷程，可視爲由個人知識發展爲生命學問的一系轉化，近年終於定調爲「大智教化」或「新生命教育」。這屬於官方生命教育的民間版、成人版、擴充版與升級版，自度度人以安身立命及了生脫死。

引　言

吾十有五有志於哲學，歷經半個世紀，雖然當上哲學教授，卻總自忖爲門外漢，不入流是也。以哲學訓練任教至今，我不曾進入純哲學主流，但持續發展自己的應用哲學思想，終於在入老之際成一家之言。自視爲「思者醒客、智者逸人」，我的思想緣起於自我貞定的工夫，以反身而誠的教化之姿，彰顯出學思歷程中所薰習到的大智大慧，進而轉化爲一門擬似宗教但非宗教的大智教或人生教。人生教乃是醞釀半世紀「我的應用哲學」之體現；哲學關注宇宙與人生，我既無逃於天地之間，這便是我對於宇宙中的人生之系列觀解。我的觀解來自個人知識，形成生命學問，助我「安身立命、了生脫死」，願藉以推己及人、自度度人。

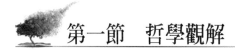

第一節　哲學觀解

一、愛智之學

　　講述我的應用哲學，以呈現我對宇宙與人生的觀解，首先需要對哲學本身進行觀解，亦即形成後設立場。由於我的十載學、碩、博士哲學訓練，完全來自充滿天主教傳統的輔仁大學，加上高中時期涉獵主要為西方思想，因此我的啓蒙深具「西學」色彩；即使對「中學」有所聞問，也是通過西式觀點的考察。弱冠之歲進入哲學系，三十年後才逐漸向中土思想求緣；從思辨的理性分析，一路走向情意的人文化成。又過了十五載，而於入老之際，終於貞定秉持「西用中體」的「新生命教育」知行途徑，擇善固執地走下去。我的應用哲學就是一套個人知識與生命學問，對此我有屬於自己一家之言，因此不避嫌笑稱為「大智教化主」。

　　長期以來人們得知我專研哲學並任教職，反應不外詢問會不會算命，或用揶揄口吻戲謔我為哲學家。起先不免困擾，日久一笑置之，近年反倒理直氣壯自認為不屑算命的應用哲學工作者。我認為要算命還不如去解讀基因圖譜，這是因為我的學院訓練以作為應用哲學的科學哲學為宗，同時認同非宗教的「科學人文主義」，至今則擴充為「後科學人文自然主義」。我不是迷信盲從科學，而是確定科學來自哲學，是對哲學關注宇宙面的解答，至於人文自然主義則指向人生面的安頓。探討宇宙與人生的哲學在西方乃是「愛智之學」，亦即「愛好智慧的學問」。智慧雖非一蹴可幾，卻可以一步一腳印，通過常識和知識的進路漸次達致。

二、常　識

　　哲學家大多自視甚高，而且喜歡罵人，罵得越兇越容易蔚為一家一派。這並非危言聳聽，而是源自科學史學家孔恩的說法。他並未直指哲學家罵人，卻說得更難聽，強調他們以「批判」態度互汲饒水；批判的力度越大，越能表現自己的不同凡響。光是這點，就跟史學家靠鑽研史料事證的用心大異其趣。哲學既然是愛智之學，大多藉著批判別人而標新立異，不是自詡嚴謹知識，就是強調智慧觀解，很少自我標榜為「常識」論者；而我所私淑的英國科學哲學家波普，正是其中少之又少。波普高舉「常識實在論」，以對抗學界那些玄之又玄、不知所云的觀點。我以波普為研究對象，先後撰成碩士及博士論文，一向對其充分肯定。

　　猶記小學的啟蒙課程有三，曰國語、算術、常識；前二者為工具，常識才是求知的起點。常識課到了中年級分化為自然與社會課，上初中再搭配由國語升級的國文課，初步呈現出人類知識的自然、社會、人文三大領域，進而在大學裏體制化為各座學院及多門學系。如此看來，常識可視為知識的起點和初階。知識既然為常識的深化，可以試圖修正常識，但應盡量不違反常識。哲學在西方乃是一切知識的根源，至今各門學問最高學位多稱「哲學博士」可為明證。依我接觸哲學半個世紀的體證，常識和知識的角色，不妨視為前者大處著眼，後者小處著手；一旦小處全盤修正大處，便稱作學術「典範轉移」。

三、知　識

　　提出知識典範轉移論點的人，不是哲學家而是史學家，他就是孔恩。孔恩跟波普曾經有過一場世紀大論辯，對後世哲學尤其是科學哲學的觀解影響深遠；簡言之，便是從「邏輯主義」轉向「歷史主義」。一般多認為哲學論述應扣緊邏輯，在推理論證上講究嚴謹客觀。波普即認

爲無涉認知主體的客觀知識足以永垂不朽，也就是他所主張在身心之外超然獨立的「文化世界三」。這種理想知識的典型當然是科學，尤其是物理學。但是孔恩卻從物理學發展的歷史中發現，知識的汰舊換新，多少跟人們的心之所嚮有所呼應。往深處看，科學知識其實可以視爲當代世人的信仰或信念；而當它轉生出各種技術，更知所言不虛。

孔恩與波普雖然各執己見，但是在論辯之後半世紀的今日看來，二者著實具有相輔相成的可能。波普要求知識表述必須依循邏輯推理講清楚說明白，不應摻雜太多個人主觀意見，否則就不配作爲眞知卓見。這是邏輯主義的基本條件，孔恩並未直接反對，但是他卻從歷史主義發現，要確實掌握任何知識表述，其歷史社會背景的時空因素非但不能忽略，反而息息相關。換言之，知識乃是一時一地之產物，不見得始終放諸四海皆準。我正是受到孔恩的啓發，脫離對波普的全面認同，從而走向「個人知識」途徑，逐漸從「西學」朝「中學」過渡，由知識臻於智慧，終於步上新「西用中體」的「生命學問」康莊大道。

四、智　慧

倘若知識來自「漸修」，智慧就需要「頓悟」；前者要求劃地自限、謹言慎行，後者卻足以海闊天空、豁然開朗。哲學既然自許爲「愛好智慧的學問」，理當擺脫分門別類的知識框架，走向大而化之的智慧境界。反身而誠，「我的應用哲學」發展歷程，正是如此隨緣建構。說得好聽些，我因爲從未在哲學系所專任教職，幸而得以未受「行規」制約，反倒能夠海闊天空走自己的路。尤其是升上教授後，前後任教於生死及教育研究所，大可通過應用哲學的跨領域精神，走向跨學科探究的途徑，而不必受限於哲學同行的批判。倒過來看，我從未有心去批判別人，道不同不相爲謀，走出自己的路才是正道。

我無心走批判道路以凸顯立場，而是採取「六經註我」的治學工夫建構己見，不同道者敬而遠之便是。自二十五歲碩二準備寫論文起，我

正式成爲鑽研應用哲學的學者。四十多年下來從引經據典、人云亦云，一步步走向借題發揮、揮灑自如，我自認已經從純哲學知識的框架裏走出來，朝著眞正愛好智慧的方向行去。具體實踐是背離學院派哲學家的拘泥論證、思辨玄想及咬文嚼字，而對古今中外文學家的哲思作品求緣。受限於自身品味，我鮮少涉獵純文學作品，而是努力去發現文人在文以載道的工夫中，透顯出來的生命情調大智大慧。這種智慧靈明爲多數哲學家所忽略，卻被文學家不經意捕捉住，像存在主義以及道家、禪宗皆屬之。

第二節　愛智之道

一、在不疑處有疑

　　從科學哲學趨向人生美學，是在建構我的應用哲學中之重大典範轉移。近年我以「思者醒客」自居，我思故我在，存在即自知，別人知我與否實無關宏旨。建構我的哲學是爲了自我貞定，反身而誠，無向外馳求之誤。反思我讀過的哲學史，記錄著自古至今各家各派哲學家的見解，發覺關鍵是必須自我貞定，否則只有拾人牙慧的份兒，就不成其爲哲學家。哲學家不同於宗教家，宗教要求虔信，哲學卻主張懷疑，尤其是要在不疑處有疑。懷疑不是疑神疑鬼，而是深思熟慮；是把別人提出來的觀點再想一遍，看看信不信得過。我正是如此自我調教出來的，要求不人云亦云，不隨波逐流，走自己的路，雖千萬人吾往矣。

　　把懷疑當作研究哲學的進路，最早始於兩千多年前的古希臘，但是直到四百年前法國哲學家笛卡兒，才將之標幟爲一套重要的治學方法。而西方哲學三大議論主題之一的認識論也因此形成，另二者乃自古有之的本體論和價值論。這些傳統議論，放在今日哲學系的課表中，便

構成學生必修的核心科目，包括形上學、知識學、倫理學、美學等；此外尚有工具性的邏輯課，以及縱貫古今中外的哲學史。回顧既往，哲學在西方曾屬於百學之王，是一切知識的根本，在東方更體現爲諸子百家爭鳴的盛況。然而時至今日，哲學竟然萎縮成最冷門的系所，幾乎無以爲繼，即使有大學另創應用哲學系也無力回天，愛智者只得慨嘆時運不濟。

二、認識論

身爲處於二十一世紀東亞臺灣的華人思者醒客，有意建構一套屬於自己的哲學思想，必須承認它僅僅是我的個人知識，但是衷心期望能夠轉化提昇爲自度度人的生命學問。由於我長期受的是「西學」訓練，直至半百前後方才向「中學」補課；雖然不能一概而論，終究體證出「西用中體」的途徑方爲正道。不過我心目中的「中學」，不是學院裏講授的系統「中國哲學」，而是傳統上文史哲不分家的人文化成修養工夫，可視爲「華人應用哲學」。話說回來，在現今要想建構哲學思想，還是得從較具系統思維的西學方法出發；然而我不採取從本體論和價值論著手的傳統進路，改以近代思想家自覺的產物認識論入手。

認識論最著名命題便是笛卡兒的「我思故我在」，此中「我思」係指清晰判明的懷疑，試圖找出內在的心智靈明，到底對外在的宇宙世界認識到什麼。有人將「認識論」稱作「知識論」，這其實已算第二義。認識屬於心智的認知作用，確認世界爲眞後始得形成知識；而列爲哲學分支學科，「知識論」理當正名爲「知識學」。作爲西方哲學傳統上的探索主題，認識論不但在現今開出哲學中的知識學，更形成與認知心理學、神經科學及計算機科學相呼應的認知科學，甚至人工智能研究等。事實上心理學原本就屬於哲學的分支，直到十九世紀後半葉才以「科學心理學」之名分化獨立，而「哲學心理學」至今仍出現於哲學系課表中。

三、本體論

平心而論，哲學作爲現代知識人文領域基本學科之一，其最具代表性的核心內容就是本體論。本體論搭配宇宙論，在古希臘構成亞里斯多德的「物理學」及「後設物理學」，後者如今稱作「形上學」。顧名思義，物理學的微言大義，人們多少有所把握；但對於「後設」性的物理學，恐怕就不知所云了。事實也接近如此，本體論本來關注的就是這個宇宙現象背後那些抽象道理，玄之又玄，令人不知所云，卻正是多數哲學家心之所嚮。相形之下，我自忖資質魯鈍、慧根不足，雖涉足哲學半個世紀，卻始終對於古今中外玄想的哲學思辨敬而遠之。我服膺的是波普的常識觀點，雖然他老來也拈出「三元世界」形上學，卻淺顯易懂。

在我看來，本體論的探究方向，只不過在考察諸事萬物「本來面目」的最終道理，因爲看不見摸不著，必須心領神會，所以被一些哲學家發揮得玄之又玄、不知所云。其實本體論在性質上就是哲學愛好智慧的體現，而需要頓悟的智慧，多少可以藉著漸修的知識逐步靠近，雖不能至，心嚮往之，這正是哲學的眞諦。無奈當哲學家的愛智活動演變成學院裏學究們相互批判的遊戲，於是把簡單的道理說得極其複雜，讓別人難以認知、討論與批判，遂成爲當今哲學家的方便法門。波普以其邏輯工具作爲認識利器，再發展一套常識性的本體論述，從而對他不以爲然的哲學家敬而遠之，我必須承認對此深獲我心。

四、價值論

我雖然花了十年光陰去追隨專研波普的思想，但以自己的華人立場和觀點，到頭來終究還是決定擺脫放下他，走向海闊天空自立門戶。這是一種價值論的存在抉擇，並非批判波普，而是試圖超越他。以價值爲訴求的學科主要爲倫理學和美學，不同於認識論與本體論想分判宇宙中

的「真偽」，價值論關注的乃是人生裏的「是非、善惡、對錯、好壞、美醜」。在「西用中體」的原則與前提下，建構我的應用哲學之心路歷程，遂由「由宇宙看人生」逐漸轉向「從人生看宇宙」。新儒家學者唐君毅指出，前者屬於「最彎曲的路」，唯有後者方能「直透本原」；我在曲徑中摸索了四分之一世紀，一直到知命之年方才領悟出這個道理。

半百前後我的心智靈明出現重大轉向，可視為人生典範轉移。反身而誠，可能是一來我從科學哲學走進生命倫理學，再涉足生死學及生命教育，對於思索人生的可能性與限度有所領悟；再者也必須到了一定年齡，方才「有感」而有所體察。奇妙的是，五十歲逐步浮現的體證工夫，其實正呼應了十五歲以來對於哲學的深切嚮往。當初我正是通過存在主義、精神分析、道家、禪宗等思想認識哲學的，高中階段還比別人多花了兩年光陰自我啟蒙，從而立志報考哲學系。經歷大半生的潛移默化，終於在花甲之際自我貞定，再以五載建構出完整自家本事。「我的應用哲學」先後撰成專書《觀人生》、《六經註》出版，以下便試為之註腳。

第三節　本土轉化

一、人文化成

《觀人生》係我的生命敘事，《六經註》則屬學思憶往；後者主要記錄我涉獵哲學半世紀以來的心路歷程，標幟出心智活動的三回典範轉移，它們大致發生在四十、五十及六十這三個年歲。不惑前後我從西學主流走向另類；及至知命則由西學踏進中學、由哲學轉向文學；一旦耳順更選擇脫離體制自立門戶，完成建構自家本事，亦即標榜「大智教化」的「我的應用哲學」。三度轉念多少都有一些外緣影響：寫教授論

文涉足女性主義及後現代主義而發現另類方向、去大陸講學觸及中華文化底蘊逐為之所動、離退後逐漸入老乃嘗試更上層樓。其中尤以半百回歸本土文化的存在抉擇最具關鍵性，從而決定了我往後的生命情調。

生活在一個連宣稱「我是中國人」都會被質疑且帶來困擾的社會環境裏，不免有時空錯置之感；好在隨著心智漸趨成熟穩定，乃肯認自己將擇善固執到底。我出生時兩岸正好分治四年，但從小被教導自己是中國人；這種國族認同原本沒有疑慮，卻在上世紀末首度政黨輪替後出現問題。到如今二度輪替，問題不但沒有消解，反而更加惡化。放大視野看，中華民國眼前的處境頗似歷史長流中南渡或北遁的偏安政權，例如東晉、南宋、北元、南明，倘若能堅持正朔到底，完全沒有獨立與否問題。在我看來，中華文化就是「本土」的底線，劃地自限只能視為「在地」觀點，二者層次明顯不同，根本不能混為一談。

二、文史哲不分家

身為學者教師，長期探討與講授的都是生命學問，我發現人人都不能逃脫於生存環境之中。兩岸至今早已往來無礙，如果雙方都暫時擱下一部分政治立場，將會發現臺灣其實屬於中土南方文化的一環；一旦刻意標榜「在地」，除政治考量外別無新意。甚至在接納東洋、西洋、南洋各色文化之際，卻堅持要去中國化，只能視為心理情結用事了。反思再三，我雖面對民國的偏安現實，卻無妨對中土傳統文化的認同；尤其在建構我的哲學當下，更樂於彰顯傳統「文史哲不分家」之下「義理之學」的妙諦。「義理」在清代「中學」內與「考據」及「辭章」並舉，如今三者大致組成中文系的學習內容，義理遂代表諸子百家以降的思想內容。

由於我跟純哲學的主流學界道不同不相為謀，更敬而遠之，其實頗樂於自視為「思者醒客」而非「哲學家」，但我還是持續在發展並精進「我的應用哲學」。用學術的話說，我所開創的是一套文史哲不分家的

「後科學人文自然主義華人應用哲學」，簡稱「天然論義理學」或「天然哲」；它可以被看作爲自度度人「安身立命、了生脫死」的生命情調之抉擇。傳統上文史哲不分家，反映出「經史子集」的大一統；如今走進後現代，更多是把握跨學科甚至跨領域的多元思路。基於後者路數，「我的哲學」強調撈過界的應用哲學，而與純哲學相對。純哲學仍有「前現代」的餘緒，應用哲學無論如何也要積極體現「後科學」境界。

三、義理之學

我所建構的「後科學人文自然主義華人應用哲學」，一方面強調哲學受到科學影響之後的不可逆態勢，另一方面也想反映一些「後」學下的另類取向：「西用中體」觀點的推陳出新，便是一種另類嘗試。不可否認的，西用中體在我的治學之道上，正屬於民族情感的體現。其實我自己本身並非純粹漢人，而是擁有六、七百年歷史的漢化蒙古族，但是我認同更大範圍的中華文化。「文化」在西方指「一個民族生活方式的全部」，而於中土則反映出「人文化成」下各種生命情調的抉擇。華人中有人篤信佛道，也有基督徒及穆斯林，更多則是什麼都不信；而我則於近年自我貞定，宣稱相信自己所創立的「大智教」或「人生教」。

人生大智教不屬於任何宗教系統，因爲它不要求信眾皈依；勉強說來可視爲一套詮釋宇宙與人生的哲思系統，是我心目中的「義理之學」以及「意理之道」。人生教以教人「安身立命、了生脫死」爲主旨，採取「由死觀生」的認識論進路，發現「向死而生」的本體論眞諦，從而體現「輕死重生」的價值論實踐。信不信由人，倘若一個人能夠爲父母及自己許諾「環保自然葬」，就算是人生教的信徒了。它的大智大慧來自莊子的齊物觀、陶淵明的大化觀等「人死如燈滅」愛智慧見。此乃主流「愼終追遠」的另類選項，一如安樂死作爲安寧療護的另類選項，都是從根本做起的人生義理。「由死觀生」遂成爲人生教的基本和最初判準。

四、意理之道

　　義理之學說穿了只不過是哲學認識，可以說一套做一套；唯有將之凝聚成意理之道，才有可能知行合一。「義理」指哲學，「意理」則表意識型態；後者屬於人生信仰或信念，必須躬行實踐。簡單地說，「我的應用哲學」教人在安身立命方面選擇做「中年中產中隱」，而在了生脫死方面要學得「人死如燈滅，應盡便須盡」。如今海峽兩岸四地都走在工商當道、科技掛帥的資本主義道路上，百姓最關心莫過於經濟生活的改善，尤其不想受到政治意理的干擾。「意理」的原意為「觀念之學」，本非負面詞語，但被拿破崙拿來指責那些跟他稱帝觀念唱反調的政敵，遂被貼上反面標籤。如今我希望還其本來面目，用以彰顯個人信念。

　　遵奉西用中體原則，我的「天然哲」核心價值乃是道家式「順乎自然、少事造作」，因此對安身立命主張獨善多於兼濟。民主社會中的小市民，只要能夠在步入中年時過上中產生活便已足夠，餘生不妨以中隱之姿開創生活美學，不必妄想內聖外王。尤其近年全球民粹當道，根本談不上理想抱負，年輕時能夠在政客興風作浪之中抓住一份小確幸，持盈保泰發展為中確幸及老確幸，人生大致無憾矣。我的人生意理看似犬儒，其實是在由死觀生的洞見中，發現是非成敗轉頭空的大智大慧，遂思索如何用實用主義態度去翻轉虛無主義，以體現「空中妙有」。這些意理雖為一偏之見，彷彿叔本華悲觀論調，但相信還是可以找到共鳴。

第四節　個人知識

一、常識實在論

　　我的應用哲學係通過個人知識的建構，進而形成一套自度度人安身立命、了生脫死的生命學問。個人知識明顯歸於主觀而非客觀，這跟我私淑的波普思想大異其趣。奧地利科學家出身的英國哲學家波普著有《客觀知識》一書，對另一位著有《個人知識》的匈牙利科學家出身英國哲學家波蘭尼多所詰難。我雖然認同波普所提倡的常識實在論哲學立足點，但在發展自家本事的心路歷程中，六經註我的策略，令我不致亦步亦趨。尤有甚者，當我發現波蘭尼的個人知識強調的乃是一種「默會」，頓感深獲我心，因為它可視為促成西用中體相輔相成的一道橋樑。「默會知識」來自心領神會，更像是東方智慧開顯而非西方知識建構。

　　我的第二回心智與人生典範轉移發生在半百之際，大幅由西學轉向中學，自哲學投入文學。回顧既往，我終於體察出此一轉變實來自心之所嚮所產生的心領神會，到一定年歲自然會水到渠成。平心而論，我的價值轉化與其說是今是昨非，毋寧可歸於辯證發展；常識實在論並未被取代或遺忘，而是逐漸深化以銜接上中土傳統文化。身為生長於民國的華人，中華文化對我而言，既是如實存在的生活背景，更已深深內化於心性體認而形成為常識之見。西用中體正是我的哲學立足點與出發點之常識實在論的本土化，猶太人波普根據此論拒絕基督宗教而擁抱人文主義，我則對儒道佛三家的宗教性質敬而遠之，同時肯定其人文關懷面向。

二、認知與評價

西方哲學有一個歷經數千年爭議而未決的問題，那便是肉體與靈魂、身體與心靈，究竟是一回事還是兩件事。古代唯物與唯心觀點對此各執一端，近代笛卡兒則以靈肉或心物二元作出論斷，當代波普更加碼納入文化因素而成三元論。此一議題引申出來的爭論，尙有客觀與主觀、認知與評價如何分判等等，像波普與波蘭尼即屬主客觀之爭，而認知與評價更涉及知識領域的分類。一般多將知識區分爲自然、社會、人文三大領域，前二者通過客觀驗證而歸於科學，後者卻始終難以擺脫主觀而屬人文。雖然人們不時聽到科學與人文相提並論，卻往往容易流於重科學而輕人文的社會偏見，亟待撥雲見日。

根據常識判斷，客觀認知與主觀評價的確在認識論上呈現出明顯分野，亦即眞假跟好惡不宜混爲一談；但它們卻在本體論上皆屬人心產物，科學史便指出，即使如自然科學也不斷出現認知典範轉移。既然哲學主要關注「宇宙與人生」兩大面向，缺一不可，則將「認知與評價」以光譜漸層的形式予以聯結統整，不啻爲建構任何哲學系統的適當進路。此點更爲以西用中體建構我的應用哲學提供莫大的方便法門。在我的心目中，從事求知以安身立命，以及通過默會以了生脫死，是在人生不同階段中，可持續發展的排程與任務。若以半百爲分野，之前爲事業打拼，行有餘力則多兼濟；之後則爲自我安頓，力行中隱以保獨善。

三、尊德性與道問學

「人各有志，自安其位；盡力而爲，適可而止。」回想我這一生，可說與學校結下不解之緣；三十五歲以前幾乎做了三十年學生，之後則當了三十多年老師。現代人進學校究竟所學何事？不外「爲學與做人」，主要體現爲智育與德育；傳統說法即「尊德性與道問學」，希臘

先哲則強調「知德合一」。不過往深處看，儒家的智育仍歸德育，西方則以智育去框架德育。在十九世紀末西學東漸之前，獨尊儒術下維持了一千三百多年的科舉取士，基本上就是以選拔道德學問文章高明的讀書人，去當人民百姓的父母官。在這種情況下，中國很難開出有系統的科學論述；李約瑟所推崇的中國科學與文明，其實大多歸於技術。

　　反觀我們現今所面對的教育現場，九年一貫已擴充為十二年國教，八大學習領域大致反映出五育並重的理想，大專以上專門與通識教育的分工亦已行之有年。雖然社會上長期存在著重智育輕德育、重科技輕人文的現象，但是教育實踐至少在表面上仍無偏廢；像我當了三十年生命教師，依然運行無礙且揮灑自如。眼前雖已入老，回顧半生教化志業，似乎發現其中有著一以貫之的思想與價值聯繫，多少可視為一套有系統的教化義理，遂藉著《六經註》一書話說從頭。至於本章以建構〈我的應用哲學〉為名，實際上乃是想補充近作未竟之義，同時言簡意賅地舖陳我的哲學觀解，進而用以推廣「新生命教育」並傳布「人生教」。

四、個人哲學的建構

　　此一努力可歸於個人哲學的建構，然其本質與兒時寫作文〈我的人生觀〉並無不同。哲學關注宇宙與人生，透過從人生看宇宙的進路，我的人生觀其實也包含宇宙觀。如今書寫以建構我的應用哲學，多少呼應了三十二年前完成以《宇宙與人生》為題的博士學位論文。該論文主要研究波普的存在哲學，其思想中的「存在」，係古希臘與「本質」相對的概念，而他正是以「反本質主義者」自居。無獨有偶，當代標榜「存在主義者」的沙特，更提出「存在先於本質」的著名命題。當然沙特主要對焦於個體自我的人生存在抉擇，而波普則基於常識實在論以把握宇宙萬象的存在；但人既無逃於天地之間，宇宙與人生必有其相通之處。

　　建構我的應用哲學就是系統舖陳一套個人知識，其原則為西用中體，呈現則歸六經註我。我很慶幸自己始終屬於學院體制中哲學共同體

的邊緣人，甚至是門外漢；不入主流的最大好處是道不同不相甚至不必
爲謀，而身爲教授則大可暢所欲言。自始至今我一直無心以嚴謹的邏輯
論證從事批判，而是嚮往「我手寫我心」的自得其樂。早年必須爲職場
生涯向主流靠攏，離退之後則利用剩餘價值放言高論。幸而在後現代有
機會自由建構，一如我書寫了二十載的性靈小品。越老越嚮往追求「性
靈的靈性」，這正是過去十餘年我從哲學走向文學的理由。我發現美國
後現代思想家羅蒂因不耐學院哲學而轉向文學，其作品讀來相當感同身
受。

 ## 第五節　生命學問

一、生命教育

　　羅蒂最有創意的慧見，便是取文學中的「反諷」，作爲顛覆哲學
的大纛；他的哲學建構，正是全方位解構哲學。我雖非知名哲學家，仍
屬積三十年教研經驗的應用哲學工作者、從業員；本書雖採議論文章形
式撰寫，卻是以反諷方式表達己見，每章都能夠拆解成二十篇義理小品
次第閱讀。這些屬於詐文嗎？非也！我其實很有心想通過個人知識的
建構來彰顯生命學問，它可以體現出以「知識分子生活家」爲理想人格
的「後現代儒道家」。在華人世界標榜儒家屬於「必要之僞」，因爲它
正是荀子心目中的事在「人爲」；相形之下，道家式的順其「自然」，
才是我衷心嚮往的生命境界。正是因爲難以達致，我才特別強調少事造
作。

　　若加上服役及讀博期間的教學經驗，我爲人師表的經歷超過半生，
自認全部都在從事生命通識教育。生命教育自上世紀末正式成爲全國性
的教育政策，如今則藉著寫入綜合活動領域課綱而覆蓋十二年國教。在

我看來，最廣義的生命教育可視爲「五育」的統整，其核心則歸於德、群、美三育。事實上它在施行之初便取代了傳統德育，目前更通過群育綜合活動的管道得以擴充深化，並納入人生美學的傳授。但是官方生命教育雖爲良法美意，甚至將大學及幼兒園都列入中程計畫，卻終究屬於學校教育的環節，難以體現出成人教育的終身學習。針對此點，我乃於近年提出民間版、成人版、擴充版與升級版的「新生命教育」因應之。

二、新生命教育

新生命教育是我於耳順前後所領悟默會的生命教育新進路，主要針對成年華人而發。現今國人的平均餘命多在八十上下，六五離退，若能保持身心健全，則有十五年清福好享。從人類發展學看，人生可分爲三段時期，或稱「三齡」，即出生至就業的「生存競爭」第一齡、就業至退休的「生涯發展」第二齡，以及死而後已的「生趣閒賞」第三齡。一般人多在大學畢業的二五前後開創事業，生涯期可長達四十載，其登峰造極當在四、五十之間，像我便於四十五歲攀登一生最高職位，當上大學教務長及院長。但是古聖先賢的大智大慧不斷提醒我們，是非成敗轉頭空，也無風雨也無晴，因此要有自知之明，放下捨得而後已。

新生命教育回顧古今中外聖賢才智的大智大慧，提煉出自度度人安身立命、了生脫死的生活實踐。教化的核心義理爲大智慧，信仰意理爲人生教，而我則以開創者及代言人之姿，自許但不自詡爲「教化主」，且於網上設立虛擬的「心靈會客室」與「大智教化院」。新生命教育的義理及意理，已於近六年先後撰成包括本書的五書出版推廣。至於自許爲教化主，則同樣具有反諷目的。「教化主」之說取材於我所心儀的「中隱」大師白居易，他因爲詩作平易近人而被封爲「廣大教化主」。我十分樂於借題發揮，用以對照那些在媒體上不時現身受人膜拜的「師父」們。反身而誠，人生教乃是我於「靈動」後的性靈開顯，樂於推己及人。

三、安身立命

　　大智教、人生教傳布什麼福音？安身立命與了脫死之道而已。目前主要設定以成年國人為宣教對象，首先要推廣的正是「中年中產中隱」的自覺與自決。安身立命意指安頓身心及樹立理想，人入中年自當養生以保全性命，並努力躋身中產，否則下半輩子可能捉襟見肘，尤其在年改浪潮持續襲來之際。如果沒有政治干擾，將中華民國打造成永續發展的中產社會絕非奢求。無奈民粹當道，選票壓縮了個人收入的鈔票，讓廣大中產階層逐漸退化。如今是到了撥亂反正的時機了，有力使力，無力使智，用大智大慧去思索如何讓民國這個南渡偏安政權長治久安，無疑是新生命教育的嚴峻課題，無法繞過，只能面對。

　　除非一方鋌而走險，否則兩岸關係當不致到了要攤牌的地步。面對即將成為世上最大經濟體的大陸，同屬華人社會的臺灣若選擇與其背道而馳，可謂不智之舉。通過逆向思考，我們的確應當積極爭取失落多時的話語權，主動宣稱自己也是「中國人」，而不必將此一頭銜拱手讓人。港澳已成對岸的一部分，臺灣卻始終未受其統治，「一中互表」或許是目前彼此唯一的公約數。新世紀包括連戰及哲學家勞思光在內，不斷有人提倡「大中華邦聯」架構，嘗試暫時異中求同、同中存異，以經濟共同體互利共榮，不失為一條可行途徑。在臺灣要能夠既安身又立命，政治情勢及氛圍實屬重要且具決定性因素，新生命教育對此不應迴避。

四、了生脫死

　　民主政治的歧見可以透過選票來改善，然而政治意理一旦激化而演成民粹，則充滿了危機，最終甚至可能危及每個人的身家性命，不可不慎。我投入生命教育二十二載，近六年更將之擴充升級為大智教化及新生命教育，自度度人以安身立命及了生脫死之道。安身立命有一部分是

客觀形勢成之於外，但了生脫死卻絕大部分屬主觀條件操之在內；自己盡可能決定如何好死善終，無需假手他人。通過由死觀生的認識，發現向死而生的本質，選擇輕死重生的實踐，這是我的應用哲學由個人知識走向生命學問的重大發現。今朝已非革命時代，沒有拋頭顱灑熱血的機會，只會不斷凋零而已。如何死得其時、死得其所，遂成為人生重大議題。

在醫藥科技不斷進步卻仍舊無法治癒某些重大疑難雜症之際，遂不可避免會讓患者陷入求生不得、求死不能的苟延殘喘窘境。與其亡羊補牢，不如未雨綢繆，當我國已進入高齡社會，每七人有一名老齡長者，維繫個體暮年餘生的生命品質，理當成為醫療政策的基本考量。如今安寧緩和醫療運作無礙，而當病人自主權利已然立法施行之後，經常被社會大眾掛在嘴邊心頭的安樂死議題，肯定有所討論的空間與必要。人生大智教秉持後科學人文自然主義的教義，作為各家各派宗教信仰以外的人生信念選項，積極倡議安樂死合法化。它即使備而不用，也足以為現代人提供一份安心感。但願「死於安樂」不再是成熟社會的奢望。

結　語

後現代思想家羅蒂認為，知識分子可以選擇作為思辨的或反諷的哲學家；我追求後科學人文自然主義的知識分子生活家生命情調，遂選擇以反諷路數建構我的應用哲學，本章正是為文系統呈現。我的應用哲學於漸次建構下貞定出人生教，主要用於安身與了生。後者可以自我了斷，而個體安身卻不脫群體效應，尤其是當政治操作影響經濟生活，人們更需要通過大智大慧以真正選賢與能。今日國人與其讓美國撐腰以彰顯主體性，不如與對岸積極對話以分享中國人名份，這正是政客口中「維持現狀」、「兩岸一家親」的真諦。「覆巢之下無完卵」是危急存亡時代的口號與教訓，如今看來仍有其意義，當然必須用反諷眼光才看得見。

第二篇

人生義理

第四章

後科學主義

摘　要

　　本篇闡述大智教或人生教的義理之學，亦即「後科學人文自然主義華人應用哲學」，本章首先解讀其中的「後科學」部分。後科學兼具「科學之後」與「後現代科學」兩種旨趣，前兩節從科學之前的哲學，講到作爲分科之學的自然科學與社會科學，從此科學與哲學正式分道揚鑣。爲檢視科學獨立後的各種可能性與限制，甚至弊端，三節就此引介從後設觀點對科學本身加以描述及批判的科學學。四節進一步轉向關注更具批判性的後現代思潮，以後現代性觀照哲學、宗教及科技問題。末節則將視角拉回至人生大智教設立初衷，此即取本土文化精華以服務在地社會大眾，讓沒有特定宗教信仰的國人，得以擁有安頓人生另類選項。

引　言

　　人生教的基本教義與核心價值乃是「後科學人文自然主義」，簡稱「天然哲」；其內容分爲三部分：後科學主義、人文主義、自然主義，以下即用三章篇幅鋪陳之。其中「後科學」具有「科學後」與「後現代」雙重旨趣，皆需扣緊傳統西方哲學而論。西方哲學大致分古代、中世、近代、現代四階段，後者尙包含當代；後現代並非指當代，而係就整個現代的時代性質與精神而論。至於科學後則標幟出時間性，以示哲學在近代與現代之間受科學革命影響所產生的從量變到質變。身處二十一世紀華人社會的臺灣人，位於西化文明邊陲地帶，大可秉持西用中體原則，從事開放性的「文理並重、東西兼治；物我齊觀、天人合一」義理思考。

66

第一節　從哲學到科學

一、宇宙論

　　西方哲學的源頭在於兩千六百年前的古希臘，以理性思辨取代神話信仰：「哲學之父」泰利斯宣稱組成萬物的元素是水，首先開啓了「宇宙論」時期。上下四方之謂宇，古往今來之謂宙，意指構成世界框架的空間與時間；而人們感官所及的宇宙森羅萬象，則表現出各種物質與生命型態。古老文明的先民多用神話去解釋一切，唯有希臘人獨樹一幟，開創了哲理思維的邏輯方法，從而演生出今日西方文明最耀眼的哲學與科學思想成果。宇宙論包含一系列針對外在世界的看法，希臘有「水火土氣」四元素，印度講「地水火風」四大，中國則標榜「金木水火土」五行；千百年後，只有希臘學說不斷從古典哲學發展至現代科學。

　　宇宙論是爲事物的存在找理由，可視爲動腦從事理性思考的結果；思考要講究方法和規律，此乃退一步講理的邏輯；邏輯不只可以處理宇宙問題，也能討論人生之種種，宇宙與人生遂構成哲學問題的全部。希臘哲學在最初兩百多年，逐漸由「宇宙論」走向「人事論」時期，從頭頂的天象回到身邊的人事；但後者終究不若前者容易取得共識，乃產生許多爭議，甚至形成詭辯。哲學思考至此陷入瓶頸，亟待大破大立，推陳出新；扮演劃時代角色的，正是具有祖師徒關係的「希臘三傑」：蘇格拉底、柏拉圖、亞里斯多德。其中祖師爺蘇格拉底通過「催生法」，教人不斷反思以認清本身的無知，從而眞正瞭解自己。

二、後設物理學

　　新儒家學者唐君毅歸納出哲學研究不外宇宙與人生二端，他認為從宇宙看人生乃是「最彎曲的路」，唯有從人生看宇宙方能「直透本原」。這是十足東方意味的思維取徑，放在西方文化脈絡中，似乎只有宗教辦得到，哲學思考無論如何還是要由外而內始能站得住腳。這多少是因為內在的人生問題見仁見智，且以主觀情意為重，不易取得共識；相形之下，外在的宇宙問題舉目可見，得以客觀理性分析，進而解決問題。於是可以這麼說，西方思想自從哲學肇端之日起，就蘊涵了科學種子在內；經過兩千多年的醞釀，終於開花結果。像十七世紀科學革命由物理學開始，但早在亞里斯多德作品中，物理學與後設物理學便已平起平坐。

　　後設物理學就是形上學，如今屬於哲學的核心分支之一，與知識學、倫理學及美學並列。由於亞里斯多德既是哲學家又是科學家，他對物理學及生物學皆鑽研不輟，更有著作問世。至於古希臘人的理性思辨，認為事物表象的背後，必定有一本質支撐，此即後設物理學之所以「後設」於物理學之故。此一本質既為本體又屬存有，形上學遂又稱存有學或本體論。亞里斯多德將現象與本體都視為實在且等量齊觀，乃修正其師柏拉圖以觀念界為重的學說，因此乃有「吾愛吾師，吾更愛真理」的美談。柏拉圖主張哲學應盡量以不變應萬變，外在變化莫測的現象界為虛幻，內心洞燭真理的觀念方為實在，這便是他有名的「觀念論」。

三、自然哲學

　　以心理觀念及思維概念為實在並非睜眼說瞎話，而是有其智慧深度的，難怪二十世紀大哲學家暨數學家懷海德要慨嘆，表示整個西方哲

學不過是柏拉圖思想的註腳。在變化萬端的現象中，尋求不變的道理和規律，既是哲學家也是數學家的工作；事實上的確有不少哲學家同時也是數學家，畢達格拉斯、笛卡兒、萊布尼茲等等皆屬之。而數學自古以來便與哲學平行發展，埃及人的幾何加上希臘人的算術，歷千百年不斷精進，終於成為現代科學的工具與嚆矢。歷史上最具代表性的里程碑，當為牛頓所構思的古典力學；他發明相當於微分學的「流數」，去演算物體與星球的運動大獲成功，而其代表作則題為《自然哲學的數學方法》。

自然哲學顧名思義乃係以自然界為對象的哲學思考，其前身正是自古以降的宇宙論，而後繼者則為自然科學；從哲學思辨向科學說明的轉化，所運用的工具包括數學演算及觀察實驗，在邏輯上屬演繹法與歸納法。長久以來，自然哲學的課題多在物理學和後設物理學等方面，因此哲學中的形上學原本同時包含宇宙論與本體論；後來物理學開始採用數學語言表述，遂逐漸與哲學分家，但仍保留哲學之名。直到十九世紀，現代原子論創始者道爾頓著有《化學哲學》，而深深影響達爾文發展出演化論的地質學家衛惠爾則著有《地質學哲學》。時至今日，哲學跟科學最後一絲聯繫，乃在於幾乎所有科學家的最高學位皆稱「哲學博士」。

四、自然科學

合久必分，自然科學諸學科紛紛由自然哲學中獨立而生，象徵著「分科之學」時代的到來；二十世紀可說是科學大豐收的年代，卻也標幟著哲學的萎縮與式微。從知識發展上看，「哲學」、「科學」等漢字詞彙的出現，都是日本維新西化的產物，中國只能有樣學樣；百餘年過去，東洋培養出二十多位諾貝爾科學獎得主，兩岸四地仍瞠乎其後。西方哲學自古即為百學之王，無所不包，哲學家也成為博大精深的飽學之士。但是生也有涯，知也無涯，至十九世紀上半葉最後一位大體系哲學

家黑格爾去世後，也代表著哲學一統天下時代的告終。1831年是哲學的斷代，由近代步入現代，無可避免地要開始面對科學的挑戰。

　　以今日標準看，科學必須符合「實事求是、無徵不信」的要求；這種判準的哲學背景乃是經驗主義及實證主義，且多少傾向唯物論，與之相對的則是理性主義和唯心論。自然科學以物理學爲代表，於十七、八世紀由自然哲學脫穎而出，通過數學演算、經驗觀察與實驗確證等方法，建立起不同於哲學理性思辨的科學陳述。十九世紀陸續加入化學、地質學、生物學甚至心理學的實證研究，終於擺脫掉哲學談玄說理的治學途徑。由於自然科學主要訴諸每個人的感官經驗，而非抽象思辨，因此較易取信於社會大眾，甚至包括部分哲學家，從而形成迷信科學萬能的科學主義；但在另一方面，此種趨勢也促成了社會科學的誕生。

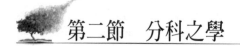

第二節　分科之學

一、科學革命

　　「科學」二字的漢譯出現在科學學科多元化以後，其實最初跟哲學分家的只有物理學。西文「科學」的原意，接近哲學重要分支之一「知識學」的字根「眞知」，即以客觀的「眞理」相對於主觀的「意見」。根據科學史記載，物理學自古有之，大致繼承了哲學宇宙論的傳統，努力探索森羅萬象以發現其中的規律。古早的物理學雖然思辨萬物係由微觀的原子所構成，但因缺乏觀察工具而無以爲繼；相形之下，頭頂上的天文則較易觀察、描繪甚至推算。仰觀天象最吸引注意的不外太陽、月亮和地球的關係，但宇宙以地球爲中心的觀點發展到以太陽爲中心，大約走了一千七、八百年，如今則發現太陽亦非宇宙中心。

　　上世紀科學史學家孔恩曾以自然科學知識的「典範轉移」，來說

明世人對宇宙所抱持信念的轉化；一旦信念出現全盤改變，則以「科學革命」來形容。像物理學陸續所出現的「日心說」、「引力說」、「光波動及粒子說」、「相對論」、「量子論」等等，都屬於知識眞理的深化，而爲人心認知帶來類似革命的重大衝擊。孔恩的觀察分析主要來自物理學，但不久就被引申用於社會科學之中；學者認爲典範轉移不只出現在對於物理世界的認識，同樣也存在於社會及人文諸領域的學術研究內。但涉及天道以外的人事探索，原本便不易取得共識，要說社會科學也具備科學革命的火種，似乎尙言之過早。

二、精神科學

　　人類各大文明在形成之初，大致不脫「仰觀天象、俯察人事」的二元認知途徑；雖然有些文明以人倫或宗教爲發展重心，但至今最具全球影響力的仍屬西洋文明。西方思想的兩大傳統乃是希臘哲學和希伯來信仰，其中信仰在中世一度凌駕哲學，但進入現代出現文藝復興，哲學又重拾知識領導地位。哲學研究既然具有宇宙與人生二端，到了科學自哲學之內應運而生後，逐形成自然科學與道德科學或精神科學二元取向。以精神科學爲名，是因爲精神標幟出人心及人事的作用和對象；相對於自然科學研究外在世界，精神科學指向內在人心所體現的知情意行。但是精神畢竟只反映個體所作所爲，群體問題另外需要社會科學來解決。

　　西方科學二分的發展主要在歐洲，但是不同語系的國家對「科學」的認識卻有所出入。上個世紀的現代哲學可分爲歐陸與英美兩大系統，其中英語國家始終視「科學」僅指自然科學，但德語及法語國家在十七世紀科學革命以後，便以「科學」概括自然與精神或道德二元知識。由發明微分學的哲學家萊布尼茲所創立的德國科學院，就通過此二元分類而運作；其中自然科學包含數學在內，精神科學則指向哲學和歷史等學科。科學革命其實意味自然哲學向自然科學的變革，至於後來所衍生的各門社會科學學科，乃屬向自然科學效法的產物。當今英語國家的社會

科學仍不時模仿自然科學，德國的精神科學傳統卻努力劃清界線。

三、社會科學

自然科學以物理學爲典型，由哥白尼、伽利略、開普勒到牛頓的一系關於天體運行的革命性知識深化，讓不少關注人文社會現象的哲學家心生羨慕也躍躍欲試，希望發展出一套以數學形式表達的新型科學，其中萊布尼茲的貢獻影響深遠。不同於精神科學仍舊以哲學思辨爲依歸，新型科學強調數學準確演算和現象精密描述，因此也借用了另一種準革命的例證，此即哈維對血液循環生理學的研究。如此醞釀長達百年，方在十八世紀末落實爲「社會科學」，並於十九世紀上半葉由孔德創立「社會物理學」，後改稱「社會學」。如今基本社會科學學科包括法律學、政治學、經濟學、社會學、心理學、人類學等，一律要求科學嚴謹性。

今日的自然科學主要包括物理或物質科學，以及生物或生命科學兩大面向；前者要求準確計量演算，後者偏重精密觀察描述，不易定於一尊。但是在一九二零、三零年代的確出現過「科學統一運動」的呼聲，其對科學影響不大，倒是爲哲學打造出一條重要的「分析」路數。大致看來，社會科學的準確或精密性肯定不如自然科學，就以唯一列入諾貝爾獎項的經濟學來說，便有計量經濟學和政治經濟學等差距頗大的不同取向，根本難以形成單一知識典範，只能多元並立；至於其他學科就更不用說，像心理學在應用方面的學派多達十幾種，只能各取所需。心理學遲至十九世紀下半葉方由哲學之中獨立生成，至今仍若即若離。

四、人文科學

值得一提的是，美國人由於上世紀中葉介入韓戰，對其敵人所標榜的「社會主義」深惡痛絕，連帶也殃及「社會科學」的地位，乃使用更

爲中性的「行爲科學」一辭，用以表述部分探究人類行爲的學科。它主
要包括心理學、社會學及人類學，其中心理學由哲學脫離生成，社會學
由哲學家所創，人類學則屬哲學中相對於神學的人學論題向科學靠攏。
但無論是行爲科學還是社會科學，都不脫以個體或群體的人爲對象，因
此終究是有關人的科學或知識性研究，於是也就出現「人文研究」、
「人的科學」、「人文科學」之類提法。此類提法與「精神科學」息息
相關，有時也指向「道德科學」，但本質上哲學性仍多於科學性。

　　傳統上的知識二元論述，於二十世紀美國學術大舉覆蓋全球後，逐
漸流行三分法，亦即自然科學、社會科學、人文學三大知識領域。此一
分類其實暗含了科技與人文「二元文化」的對立，英國科學家暨文學家
史諾曾撰文揭示此一西方文化二元割裂的危機，從而促成美國的高等教
育改革，爲避免大學生淪爲「一曲之士」的「通識教育」遂應運而生。
我國各大學自1984年起正式開授通識課程，期望讓三大知識領域交相爲
用，進而相輔相成，但於實際作法上不免眼高手低、顧此失彼；加上學
校不予正視重視，學生當成營養學分，只能說聊備一格。而當生命教育
成爲通識教育一環，大智教或人生教勢必要對此現象深予檢討才是。

第三節　科學學

一、科學史

　　人生教通過新生命教育教人以「安身立命、了生脫死」之道，這
是一套「後科學人文自然主義」的義理性的應用哲學，可將之進一步打
造成意理性的人生信念。人生信念自度度人了生脫死，哲學論述則指點
人們對日常生活及社會實踐進行批判思考以安身立命，其中科技與政治
是迴避不了的議題。本章主要針對科學而發，強調在後現代要通過後

科學觀點批判地善用科學與技術，而不致為其宰制異化。「後科學」既反映「後現代」的時代精神，也呈現「科學後」的哲學處境。科學後意指傳統哲學受到科學技術洗禮後，從量變到質變；作為科學後的哲學，既有機會援引科學成果為己所用，更能夠後設地批判科學，此即「科學學」。

「科學學」又稱「後設科學」，至少包括科學史、科學哲學、科學社會學以及科學技術學，後者探討科學技術與社會的關聯。科學以分科之學姿態分門別類難以全面批判，若要盡可能取得全方位視野，從科學史契入或許較適當。近年我曾在哲學系講授一整年「自然哲學」課程，便採取哲學史伴隨科學史的進路；畢竟自然哲學乃係「科學前」及「科學中」的哲學論述，回顧科學史所記載的科學發展，足以發現其中的科學景深。科學史在十九世紀科學大放異彩後應運而生，甚至形成一門稱作「科學歷史與哲學」的新興學科，而後才分化成科學史及科學哲學。史學重史料，哲學主思辨，二者大異其趣，卻足以相輔相成、相得益彰。

二、科學哲學

科學哲學有「科學的哲學」和「科學底哲學」之分，前者代表迷信科學萬能的科學主義，後者才是真正對科學抱持批判態度的哲學思考。由於各門科學學科分工極細，其專門內容令外行難以置喙，要想以哲學批判科學，通過考察歷史景深或能得其門而入。如今科學史與科學哲學均已發展成跟各科學學科類似的專門知識，若以此指引年輕人懂得批判工夫，勢必要走向「科普」及「哲普」途徑；用普及的常識取代艱深的知識，讓初學者較容易進入狀況。不過話說回來，科學家本身關注自家本事的歷史與哲學者相對極少，批判眼光主要還是要讓政策制定者以及社會大眾瞭然於胸，以防範科技脫序的可能後果。

舉例來說，核能發電雖有一定風險，但相對於燃煤所帶來的污染要

輕得多；空污舉目可見，直接危害人體，較之貿然停用核電所付出的代價，實有待認真評估。另外基因改造食品在上世紀問世後，一度以物美價廉大受歡迎，如今卻發現隱藏於其中的弊端危機重重，只得下令全面禁止。凡此種種，都涉及科學與技術在知識面有所突破後，用於民生的利弊得失，雖然不斷蔚為媒體報導的重要新聞，但一般大眾往往不得其解；倘若能夠具備一些科學史哲方面的通識，或許較易把握住重點。改善之道可以利用媒體的管道，有系統地宣傳科普與哲普常識；這正是社會教化之功，也是新生命教育十分樂於參與的活動。

三、科學社會學

在漫漫的歷史長河中，人類於不同地區發展出獨到的文明，並形成各具特色的民族文化。文化在西方指的就是一個民族生活方式的全部，科學技術亦在其中。雖然英國學者李約瑟曾著書立說，盛讚中國科學與技術的輝煌成就，但是事實上今日所見各項科技成就，幾乎完全是西方產物。中國科技容或在十五世紀以前獨樹一幟，但並未擴散至全球；而十七世紀西方出現的科學革命，卻在短短三百年間澈底改變了世界。作為西方文明重心的科學文化，可以從縱向的歷史面及橫向的社會面進行探索；前者構成科學史，後者則屬科學社會學。簡言之，科學社會學所關注的乃是科技知識的生產與科學家族群。

在現代科技發展之初的十八、九世紀，還有不少業餘愛好者作出重大貢獻；但是當它被收編進入學術研究和教育體制後，科學家的身分就需要得到同行認證，包括以相關學位受聘於特定學系任教、加入本行學會，並在行內學刊發表論文等。在學術分工的大勢所趨下，隔行如隔山，知識生產的過程與成果，外人多不得其解，卻吸引某些社會學者的關切。社會學原本就只限定研究文明社會，而作為現代文明表徵的科學與技術，當然構成社會研究的重要旨趣。如今社會學雖然列入行為社會科學，但它既由哲學家所創，多少仍保有一份哲學批判的用心。將社

會學結合史學及哲學形成科學學，正是對科學本身進行全方位的批判探究。

四、科學技術學

科學社會學是站在社會學立場，對於科學與技術作為現代文明中一項重要的文化現象進行探索，主要包括知識生產過程以及科學家所作所為。但是科技活動和成果所造成的社會影響與效應，卻需要更大範圍的跨學科及跨領域研究，此即「科學技術學」的任務，它又稱作「科學技術與社會」。如今科學技術學可視為科學學的延伸與擴充，它不認為舉目所見多樣紛雜的科學成果與技術產品，只不過是科學家與工程師的心智結晶而已，其背後其實充滿著更多的政治角力、商業競爭、社會流行以及個人榮耀等等因素，必須盡可能加以全盤考量，找出優勢發揚光大，發現弊端立即清除，讓公眾得以享用科技福祉，同時避免為其左右。

以資訊網路無遠弗屆的效用為例來看，如今世上產值最高的商品就是「谷歌」搜尋引擎，而多達二十七億人使用的「臉書」則成為全球最大拜物教。偏偏這兩大流行事物，面對擁有世界五分之一人口的中國卻不得其門而入，因為大陸打造出屬於自己的「百度」和「微信」以利資訊管控。這其中所涉及的包括技術創新、市場機制、政策制定、品味取向等諸多因素，使得大陸發展出獨特的電子商務和流行趨勢，且多少自外於西方世界：由於市場龐大，自給自足不成問題。尤有甚者，近來大陸藉著「一帶一路」政經結盟，將自創科技和經貿模式，向百餘國家或地區輸出，已然形成另一個全球強權，值得通過社會建構視角予以關注。

第四節　後現代

一、後現代性

　　本章係對建構「天然哲」三元素之一的「後科學主義」進行闡述，前文已就「科學」之種種多所舖陳，以下則就「後」學的性質加以發揮，最終落實於中華本土與臺灣在地。「後科學主義」作為「後」學的一族，分享著諸如後現代、後工業、後殖民等論述所蘊涵的相同時代精神，此乃「後現代性」；用最簡單的話講，即是「質疑主流、正視另類；肯定多元、尊重差異」。後現代性係相對於現代性而言，現代性在前現代「啟蒙」運動啟蒙下，推動了自由資本主義及新興工商業的發展，從而帶動全球性「現代化」運動；但是現代化卻淪為另一種殖民宰制，遂由藝術人文領域的後現代主義所導出「後現代」運動為之平反。

　　值得注意的是，後現代的性質竟被定義為「晚近資本主義的文化邏輯」，足見它跟資本主義生活方式淵源深厚，能夠發揚光大多少拜自由開放的社會風氣之賜，畢竟民主社會對於這套不時想顛覆既有價值的另類思潮具有較大包容性。大智教或人生教有意在國內率先推廣新生命教育，部分理由正是因為臺灣社會相對於大陸的自守及港澳的西化，更為體現多元且有容乃大，足以接納人生教作為另類本土人生信念的可能。人生教以後科學人文自然主義為基本義理及核心價值，其中的後科學精神即源自後現代性，希望批判地善用科學和技術成果，而非盲目地接受或反對。為落實後現代科學與技術，首先必須貞定後現代哲學。

二、後現代哲學

作為一種時代精神，後現代既歷時又共時，但是自二戰以降，後現代性逐漸凌駕現代性，不可逆地支解割裂改變了各種文明與文化的樣貌；工業讓位給商業，資訊科技從此應運而生。電腦發明七十多年後的今天，雖然打造出一個巨大的地球村，卻也促成分眾以及小眾文化的流行；而哲學上的宏大敘事，也被一些局部論述所取代。後現代風潮原本形成於藝術創作圈，因其主張大破而各立的顛覆精神而備受矚目，因而不斷向外擴散，文學、哲學、宗教、科學以及技術皆受其影響。其中尤以哲學的反動之聲不絕於耳，甚至有人主張澈底解消哲學，將哲學敘事歸併至文學之中，此人便是美國新實用主義者羅蒂。

羅蒂原本為十分正規的學院派分析哲學家，甚至曾當上美國哲學會東部分會主席，但是他中年以後受到歐陸後現代思潮影響，覺今是而昨非，一發不可收拾，不斷著書立說想解構整個西方哲學，終於自我放逐於哲學門牆之外，從此遁入文學圈內。簡單地說，羅蒂發揚美國實用主義傳統，認為古老哲學分化出各門科學後，內容已所剩無幾，不宜再打腫臉充胖子，盡講些玄之又玄的話自欺欺人，而應當自我解消，打散融入其他人文及科學領域中。今後哲學的唯一功能，便是讓個人進行自我教化，反身而誠，無向外馳求之誤。他嚮往充分的民主政治和詩意人生，此即他的「後哲學文化」，可視為後現代哲學最極端的表述。

三、後現代宗教

人生大智教作為一門臺灣在地的另類信仰，其建構受到羅蒂思想極大啟發，尤其是他對「反諷」的倡議。反諷源自文學創作風格，羅蒂將其引入對世界的觀照，強調不斷解構及建構世界，使自我更上層樓止於至善。他繼承了後現代將語言表述視為遊戲的思路，主張應該揚棄形

而上哲思，僅保留一些反諷功能。順著此一思路，人生教乃嘗試將天然哲打造建構成一門反諷式後現代擬似宗教，亦即無所謂宗教的人生信仰或信念。後現代宗教在西方必須通過後現代神學而樹立，但在華人文化圈則可以直接訴諸具有反諷性質的義理而貞定。擁抱保守思想的西方宗教，視後現代精神爲否定、失敗與虛無，但在中土道家思想中完全能接受。

　　天然哲的科學、人文、自然三面向，以自然主義爲最內核，體現的正是最原始的道家思想。道家不是道教，二者非但大異其趣，而其靈性境界更不可以道里計。道教是陰陽教、神仙教，道家則是常識教、人生教。人生教將古典道家思想重新打造包裝，先行文理並重、東西兼治，再予物我齊觀、天人合一，以後現代的文化創意，拼貼出新世紀的後科學儒道融通新宗教，用以自度度人安身與了生。此一後現代宗教以反諷之姿問世，首先針對成年國人從事新生命教育，再伺機擴大影響範圍。信仰底線於安身爲確認自己是維持現狀的南渡偏安政權子民，沒有必要鬧獨立；於了生則爲肯定人死如燈滅，並認同安樂死及自然葬。

四、後現代科技

　　談到後現代科技，就不能不提及上世紀末發生在美國的一場戲謔故事。當時有一名物理學者運用後現代語彙寫了一篇物理學詐文投稿至後現代學刊，竟然被視爲如獲至寶般愼重刊載，其後作者現身承認此乃戲謔之作，令後現代陣營爲之憤怒及氣餒。於二十多年後重新省視此事，發現它的確是一回絕佳的反諷例證；雖然顯示出後現代不盡如人意之處，也反映了某些所見甚小科學家的一曲之見。先說後現代陣營的不足，學院派急切想營造思潮氛圍，乃捨簡就繁祭出一大堆術語觀念以呈現深度，卻令自身陷入語言迷障；而科學家則抱殘守缺卻見獵心喜，認爲以其人之道還治其身很是得意，卻無形中凸顯出自身的無知。

　　借用科學革命的觀念看，後現代針對現代性而發，其實意味當代文

明與文化的重大典範轉移，將十九世紀以降對於世界觀的「除魅」，再造爲新世紀的「返魅」。此說源自二十世紀初德國社會學家韋伯，除魅意指科學應當盡量非人性化而走向客觀，而返魅則代表用人性希望重新迎接並善用科學與技術。這種後現代科技觀和世界觀，不是機械的而是有機的；在科學學看來，就是必須強調科學家的人性自覺與社會責任。後現代科技不是用後現代語言和思路鑽研科技，而是用後現代精神批判科技；這是兩種不同層次的問題，科學家寫詐文令對方受辱，作爲不只可笑，也讓問題根本失焦，實不足取法。

第五節　本土化

一、本土與在地

　　後現代精神爲「質疑主流、正視另類；肯定多元、尊重差異」，將此一精神引申到以科學與技術爲主題的文明及文化反思上，即產生具有批判性的後科學立場。然而無論是後現代或是後科學立場都不宜走偏鋒，要破仍然要立，不過大破而後各立亦無不可。總而言之，異中求同與同中求異的雙重用心最好兼具，執中道而行，無過與不及，本土化問題當作如是觀。長期關注臺灣本土化問題的社會學家葉啓政曾指出，與「本土化」相對的乃是「外來化—西化—現代化—全球化」，這在上世紀八零年代「社會科學本土化」運動之初，是以「中國化」而非「臺灣化」爲名推行；後者如今包攬「本土化」之名，其實只不過是「在地化」。

　　人生教義的建構原則之一，就是堅持「西用中體」；這並非指前現代的觀念本體和實物器用，而反映出後現代的文化主體和社會應用。雖然近年新住民大量移入，但是臺灣社會的文化主軸，依然是由漢民族

所積累傳承的中土文化；而所謂臺灣文化，則歸閩南文化一環，而與百粵文化類似，屬於中土文化的在地融入與體現。由於兩岸分治已屆七十載，不可避免地會在本土文化中創生出不少在地特色，但二者終究不在同一層次；尤其一旦涉及國族認同，更必須有所釐清以避免誤導。本章由於重在處理科學議題，政治問題暫且不談；但為了彰顯以下要提倡的「華人應用哲學」，乃在此分判本土與在地的差別，實在於層次而非屬性。

二、華人應用哲學

「應用哲學」是英語國家於一九八零年代所創生的新興哲學路數，強調跨學科研究以及實際應用，以有別於學院裏書齋內的「純哲學」思辨。由於重在應用，因此偏向倫理學而非形上學和知識學，如此大大有助於跨學科對話。應用倫理學作為應用哲學的核心部分，多少是解決問題導向的：當時美國哲學家杜明曾以一篇論文〈醫學如何挽救住倫理學的命脈〉，標幟出應用哲學非但不能再劃地自限更應該起身而行的重要性。應用哲學主要流行於英語國家，是因為英美哲學一度大幅走向邏輯及語言分析途徑，專技性、後設性的咬文嚼字吹毛求疵，令人望而卻步，從而促成新學科應運而生。至於歐陸思想一向重視實踐，便無此需要。

　　如今國內的哲學教育大多有中國哲學與西洋哲學之分，而我所求學及任教的輔仁大學哲學系，更加上應用哲學而形成三足鼎立，學生則根據自己的興趣各取所需。回顧華人哲學教育的發展，中國哲學乃是上世紀初西式大學成立後效法西學的產物，更早則是文史哲不分家之下的義理之學。民國以前的傳統義理之學可視為典型的「中學」，之後便在「西學」框架下發展出中國哲學；既為勢之所趨，在西用中體原則下開創華人應用哲學，遂有一定合理性與正當性。尤其當後現代哲學反對宏大敘事，提倡局部知識，更為華人應用哲學指點出新方向。華人應用哲學是

爲華人所用的義理之學，人生教所秉持和宣揚的「天然哲」便屬此道。

三、後科學人文

　　「天然哲」是「後科學人文自然主義華人應用哲學」的簡稱，它至少包含後現代主義、科學人文主義、人文自然主義三種哲學論述；人文及自然主義將在後兩章析論，在此僅就涉及科學的議題稍作闡述。其中「後科學人文」來自「科學人文」，此一複合名詞曾爲許多科學家自我標榜，理由一方面是這些科學家具有人文社會關懷之心，另一方面也基於對於基督宗教信仰的反對。「人文」用於無神觀點也可譯爲「人本」，以相對於信仰上的「神本」。爲清楚表達自身的非宗教立場，二十世紀曾先後發布了三回〈人文主義者宣言〉，連署者包括許多科學家，它們大可視爲「科學人文主義」的信徒。

　　科學人文主義者的人本關懷固然值得稱讚，但是他們揚棄基督宗教卻轉而相信科學萬能則不足取法。科學雖然能夠揭露宇宙森羅萬象的奧秘，但並不見得有能力直接指導人生；科學知識還是需要通過人生智慧的轉化，方能有助於世道人心。後現代科學對此一情況有著深切體認，乃以批判立場建構後科學論述；若以華人應用哲學所採取的「從人生看宇宙」取徑，則後科學論述便蘊涵著人文主義精神。如今華人世界有一些大學開設「科學人文」、「醫學人文」、「科技與人文」之類課程，無非是想在科學技術與人文藝術之間尋求對話的可能。但是科學論述一向強勢，想要有效對話，納入後科學批判精神或爲良策。

四、後科學人文自然

　　天然哲來自西用中體，光講後科學人文主義尚未及到位，必須延伸至人文自然主義方才有可取之處。必須說明的是，人文主義與自然主義在西方具有一定的界說，像「人文自然主義」便指出，人並非萬物之

靈，乃與其他物種平起平坐；而人類的倫理與審美行為，均來自跟自然及社會環境的互動，並無更神秘崇高的意義。這其中反映出西方人眼中的自然就僅止於大自然，與之相對的則為宗教性的超自然；相形之下，中國人心目中的自然則另有其奧義，此即「順其自然」、「自然而然」的人生態度。若通過此一「本真」的精義加以檢視，則將儒道融通的人生哲學視為本土人文自然主義亦無差，這也正是人生教積極宣揚的教化旨趣。

用西方語彙解讀中土思想不必然要對號入座，採取「六經註我」的態度為己所用並無不妥；畢竟華人應用哲學重於活學活用，而非思辨論證。事實上像胡適便曾以自然主義形容道家的楊朱，而「生死學之父」傅偉勳也認為孔子堅持人本主義立場不論宗教。本書意在闡述新生命教育的基本內容與核心價值，本篇次第檢視後科學主義、人文主義、自然主義三組概念，但不忘隨時進行全方位統整。像本節所論的「後科學人文自然」，正是西用與中體的巧妙組合；它把西方的科學人文主義和人文自然主義加以整合，進而賦與其後現代批判顛覆精神，再引申至儒道融通下的人生哲理，從而對人生大智教的安身及了生旨趣作出貢獻。

結　語

「大智教」或「人生教」作為針對成年國人安身立命與了生脫死的反諷式信仰，主要採取「西用中體」的原則，以及「從人生看宇宙」的立場舖陳教義，此即「後科學人文自然主義華人應用哲學」，簡稱「天然哲」。本章先就後科學主義的部分加以闡述，為釐清問題景深，勢必要回溯西方文明三大核心之一的科學之發展與擴充，另二者即為哲學與宗教。此三者在歷史長河中既合作又競爭，終於形成如今影響全球脈動的資本主義市場經濟，後現代思潮即由其中應運而生。後科學立場受惠於後現代思想，結合人文主義和自然主義再用於華人社會，必須慎思明辨而有所轉化，亦即較少涉及宗教因素，此乃後兩章宜關注之處。

第五章

人文主義

摘　要

本章闡述人生大智教義「天然哲」三項成分第二項的中華人文主義，作爲銜接後科學立場及本土自然主義的思想與信仰橋樑。由於人文於中土具有人文化成的旨趣，首節乃對文明與文化的出現加以説明；基於西方人文主義係針對基督宗教的反對，遂於次節討論從神本到人本的演進。當西方以人文主義顚覆基督信仰後，科學技術便應運而生，科學家甚至妄想扮演上帝，三節對此有所批判。而將人文思想放在中華文化脈絡之內，發現與之對照而非相對的乃是天道與天命，四節即由此探討心性體認的可能。心性體認取捨強調本心本性的作用，末節進一步順此發揮從人生看宇宙的精義，由是呈現大智教化或新生命教育的實踐。

引　言

大智教或人生教的基本教義包括後科學主義、人文主義、自然主義三組概念與成分，三者的組合與其說是學理建構，毋寧可視爲隨緣應用；在西用中體的思考原則下，將西方概念移植到華人社會爲己所用。其中後科學觀點係對科學技術的批判性接受，人文主義取其非宗教特性加以發揚光大，而自然主義則對其於華人文化的本眞義多所發揮。順著前章闡述後科學的大方向，本章著重於對人文主義內涵與外延的觀照。人文主義顧名思義關注於人，但非僅著眼於個體，而是涉及群體社會；在西方爲非宗教的道德實踐，於中土則通過良知良能去安頓人倫；二者都有強烈倫理學旨趣，亦即處理人際關係而非自我安頓。

第一節 文明與文化

一、人類文明

　　人類作爲諸多物種之一，發展出文明純屬偶然；不過一旦通過此等偶然契機，就可能走向必然。此一觀點稱爲「演化論」，與之相對主要爲宗教性的「創造論」。創造論相信有一至高無上的神明創造萬物，其中包括人類；祂同時也爲人類賦與了萬物之靈的地位，其最大特徵爲開啓文明，並懂得敬畏上主。另一方面，演化論則通過科學觀察而作出歸納假設，主張森羅萬象皆不時在變化生成，但也隨時殞滅。像地球原本只是太陽之下一顆無奇的行星，因爲被另一顆小行星碰撞而造成中軸偏移；小行星破碎後受引力結合成爲地球的衛星月球；當月球引力造成地球上的潮汐現象，導致碳元素在水中合成有機物，生命從此肇始。

　　此一因爲月球作用形成生命的故事曾被拍成記錄片，不只一次地在中秋節夜晚於電視上播出，用以感恩月亮造就人類。地球壽命大約四十六億年，原初生命於半途發生，但人類的出現卻相當晚近，不過數百萬年。依考古及歷史記錄，遠古文明多沿河而生，黃河、恆河、兩河、尼羅河等等；但影響深遠至今獨霸全球的則是沿海的希臘文明，由哲學而科學而技術，幾乎已經澈底改變了地球的面貌。希臘人並未提出創造論，這是由另一支希伯來人的信仰所衍生；它伴隨希臘文明傳播於世，卻在其他大河文明中聞所未聞。時至今日後現代，世俗的科學技術文明文化流行無礙，神聖的宗教信仰民族文化則各行其是。

二、民族文化

文明依附地緣，文化則紮根於民族；像哲學之父泰利斯主張組成萬物的元素爲水，即以其居住於海島有關；而漢民族很早便發展出父系家庭的人倫規範，則屬進入男性勞動且安土重遷的農業社會之反映。「文化」在外文中係作爲「農業」一辭的字根而用並非偶然，民族一旦定下來謀生，就有利於本土與在地文化的形成；西方人對於「文化」的定義，即是指「一個民族生活方式的全部」。民族的延續依於血緣和信仰，並通過文化傳承多所強化；強化的結果是形成壁壘分明的國家，民族國家的概念於十九世紀終獲體現。不過放眼看去，目前世上由單一民族組成的國家相對較少，常見的乃爲多民族國家，其大小並非決定因素。

舉例來說，日本是少數單一的大和民族國家，居於兼併的北海道和沖繩少數民族皆不成比例；新加坡則以小國多民族文化著稱；中俄兩國各有少數民族不安定的問題；美國則強調自己是民族大熔爐。民族文化在宗教信仰上的神聖性，往往不易包容其他民族而引起衝突；然而一旦形成爲世俗性文化符號，卻可能流行於全球。相形之下，人生教或大智教以反諷之姿，自視爲世俗教、常識教、生活教，拒絕神聖召喚，盡量平易近人。尤其是主要爲成年國人打造的義理與意理，希望讓此一南渡偏安政權維持現狀且長治久安，老百姓得以充分安身立命及了生脫死；其生命情調的活水源頭，正是來自中華文化的儒道融通之道。

三、世俗文化

後現代思潮作爲晚近資本主義的文化邏輯，已隨著自由貿易下消費物件和傳播媒體，滲透擴散至全球各地。此一世俗文化的弊病或許是流行蔓延及拜物教盛行，但其優點則反映在民主自由所許諾的多樣與多元

生活方式上。簡單地說，當各種價值觀通過市場機制的篩選，最終產生的便是世俗文化流行，此起彼落，各領風騷。正是因爲後現代顛覆傳統主流，打造創新另類，提倡多元包容，相信人生大智慧的世間教義方才有機會應運而生，將華人應用哲學思想包裝成擬似宗教信仰，希望通過引領流行，進而振聾啓聵。然而此一作法僅限於在民主自由地區推廣，像中國大陸對宗教信仰嚴格控管，就不宜甘冒大不韙自討無趣了。

相對於神聖界不可侵犯，世俗界的流行文化歡迎人們共襄盛舉；尤其在新興傳播媒體例如手機網路的推波助瀾下，更造成天涯若比鄰的互動效應。人生教希望以另類擬似宗教之姿創造流行，爲沒有明確宗教信仰的人服務。我們服務的對象主要是成年國人，爲其提供安身立命與了生脫死的大智慧之小常識，像維持現狀、兩岸一家親；現世主義、人死如燈滅等。如果兩岸翻臉不認人，則立即影響及年輕人安身，更別奢談立命了；倘若貪生怕死、執迷不悟，則容易死得不痛不快，甚至不明不白。此念是煩惱，轉念即菩提，一念之間可以改變許多事情；人生教發現認同中華民族文化足以維繫並改善現狀，因此樂於推廣人文化成使之流行。

四、人文化成

文化在西方指向一個民族生活方式的全部，於中土則在人文化成的推廣流行上。人文化成的工夫起源於古典儒家提倡禮樂教化以匡正人心，而人心正道多用於人倫的安頓，主要反映在修齊治平一系進路上。儒家根據內聖外王的要求，期許人們成聖成賢；不成聖賢也要表現才智，勿使走向平庸愚劣。這種人格養成目標的自我貞定，自古以來教化了一代又一代的年輕人，以天下興亡爲己任。時至今日，相對於大陸的小國寡民中華民國，僅屬南渡偏安狀態，根本談不上什麼天下興亡的兼濟之志，能夠維持現狀、獨善其身，就算是很妥當的修養工夫了。儒家的「正名」大可讓位給道家的「全生」，無力使智方能保全性命於亂

世。

「文化」像「哲學」、「科學」等詞彙一樣，乃是日本人在明治維新之際引入西學的漢譯，而其根源正是中土傳統儒家的「人文化成」。儒家孔子不信鬼神，沒有宗教的現世觀，被傅偉勳推崇為人本主義，可與後世拒絕基督信仰的西方人文主義相互呼應。但是儒家擺脫掉超越性的天道，卻又用所謂良知良能架構起繁瑣的人事倫常；尤其將親子間的孝道聯繫上君臣間的忠貞，強調「君君、臣臣；父父、子子」，從後現代的角度看來，更是不知今夕是何夕了。人生教追隨道家「全生葆真」的處世觀，尤其是楊朱人人「為我」的理想，主張小國理當力行「不積極作為」，堅持「維持現狀」、「兩岸一家親」，以互利共榮維繫家國於不墜。

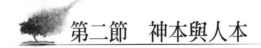

第二節　神本與人本

一、希臘哲學

人文主義無疑是西方文明尤其是希臘文化所產生，信任人類可以通過理性思維觀察萬物，進而改變世界。希臘文化最耀眼的部分在於哲學，以其客觀理性和人本精神打破迷思拒斥迷信，終於走出科學技術的康莊大道。這在其他民族文化幾乎難得一見，連李約瑟所推崇十五世紀以前的中國科技文明，後來也難以為繼。仔細觀之，今日的科技成果乃是十七世紀以後「科學革命」下，西方理性與經驗不斷交織互動的產物；中國在十九世紀末妄想以舊式「中體西用」策略學習西方船堅礮利，卻忽略掉作為其核心價值的人本精神，以致只能得其皮毛而非精髓，終於被西化摧毀而喪權辱國達半世紀之久。

人本乃相對於神本而言，近代通過文藝復興以恢復古希臘以人為

本的時代精神,終於取代中世紀長達千年以神為本的高壓閉鎖政教合一時期。勿忘以人為本向前推出一大步就是民主革命,以英國〈大憲章〉為首役,日後則有美國、法國及德國;而這一切心智及思想上的突破,莫不來自古希臘的哲學傳承。例如現代所追求的民主或共產制度,都可以在古代找到其源頭。反觀中土儒家,雖然也曾經出現「民為貴」的民本思想,但是帝王專制統治的本質未變,也只能當作遙遠的理想了。中國的民主自由革命直到孫中山才實現,可惜好景不常,未久便將中土讓位給共產專政革命。唯一幸運的是,民國南渡偏安七十載,堪稱香火不絕。

二、希伯來信仰

爭取民主憲政若從〈大憲章〉算起,大約已有七百多年;但那只是貴族向君王爭權奪利,仍然稱不上民主革命;真正的革命還是得再等上五世紀,待美國獨立運動方得實現。民主自由爭取的是什麼?爭取的乃是擺脫「君權神授」,換取「天賦人權」;這其中的神與天,都緊密聯繫於基督宗教信仰。現今廣義的基督宗教大致包括天主教、東正教、基督教、英國國教,他們共同組成了「普世教協」而相互認可同出一源。基督信仰的源頭無疑來自猶太人耶穌基督,他擷取了希伯來信仰中的部分猶太教義自立門戶,摒棄民族認同,代之以四海一家;其後繼者再接再厲,終於將之打造成今日最大普世宗教,涵蓋全球三分之一人口。

基督宗教前身的猶太教作為民族信仰其來有自,因為古代希伯來民族不但相信唯一真神耶威,還認為自身是天神的「選民」以建立猶太國,從而排斥其他民族,終於惹來戰亂,為埃及所滅亡。猶太人亡國近兩千五百年,直到上世紀四零年代才在以色列復國;堅定的信仰長期帶領族人度過難關,卻也不時引來猜忌甚至殺戮,帝俄和納粹的排猶及屠殺便是例證。到如今以色列面臨諸敵環繞仍不改其志,國人在極度保守的教義下攜手齊心,卻於現實中形成極大張力,終不若基督信仰的慈

善博愛來得受歡迎。基督宗教改造了猶太教，自羅馬時期起便與希臘文化接軌，二者合流在中世千年發揚光大，是人類文明不能忽略的一段歷史。

三、文藝復興

物極必反，興極必衰，千年中世神權高張，人心卻備受桎梏；宗教法庭箝制人心，終於引來反對聲浪，此起彼落。發生在十五世紀前後的「文藝復興」運動，起初並非創新而是復古，希望揚棄神學及信仰掛帥，復興古希臘的哲學和理性精神。由於中世紀政教合一，因此即使是在思想上爭取出頭天，也有可能引來殺身之禍或牢獄之災；著名的布魯諾為真理受火刑，以及伽利略長期被軟禁，均屬宗教迫害的例證。這些為真理而獻身的故事，其實已屬由文藝復興向科學革命過渡的結果；但是當時真正的科學尚未出現，革命火種仍藏在哲學之中，尤其是自然哲學。自然哲學繼承古代宇宙論的傳統，直接衝擊到基督宗教的創世觀。

創世觀主張由天神所創造的人類作為萬物之靈，居住的地球屬於宇宙中心，日月及其他星體均圍繞著地球轉動。宗教所支持的「地球中心說」其實並非原創，而是借用古希臘哲學的假設，其後受到埃及數學家的演算支持，形成「亞里斯多德—托勒密系統」，流傳長達一千五百年之久。但在這段歷史長河中，觀察天體的儀器日益精密，人心亦隨之大開，終於在十六世紀促成主張「太陽中心說」的「哥白尼革命」。哥白尼著書立說，立刻引來教庭查禁，直到十九世紀才解除；此際已是科技大興的時代，對宗教的反彈更由復古深化為以人為本的人文主義。西方人文主義後來成為無神論的代名詞其來有自，並非偶然。

四、人本主義

中文裏的「人本主義」和「人文主義」，其實都是西文同一個

字的翻譯，說穿了就是「人的主義」；不過由此引申出另外一個辭彙「人道主義」，倒是具有更豐富的內涵。使用「人本」是爲了相對於「神本」，這主要適於西方脈絡；至於中土所言「人文」則相對於「天文」，或可以「人理」與「天理」互涉。「文」字通「紋」，代表織品的理路；古人認爲天道與人事均有一定理路，以參天化育之心同樣足以體察人文。將天與人視爲大宇宙和小宇宙，在哲學上只有類比的意義；若進一步扯到天人感應之說，就不免流於神祕主義了。傅偉勳指孔子思想爲人本主義，是因其不信鬼神，事實上他更是人道主義的代表。

　　儒家思想不只以人爲本，更是以「仁」爲尙；「仁」指「二人」，引申爲人倫關係的安頓，這正是儒者的人文關懷。古典儒家以「五倫」及「八目」爲個體與群體的關係定位，「五倫」指「君臣、父子、夫婦、兄弟、朋友」，「八目」是「格物、致知、誠意、正心、修身、齊家、治國、平天下」；任何一個人都需要妥善安排自身在五倫中的位置，同時循著八目次第更上層樓止於至善。放在今日大環境裏面看，這些倫常德目的設計當然不失其良法美意，但是在西學東漸導入民主法治以後，此般社會倫理就不宜再講究君臣父子的類比性，而修身齊家也不一定要上升至治國階段，能夠參與及服務社會便好。

第三節　科學與人文

一、科學主義

　　在一個輕人文重科技的時代與社會裏，將科學與人文相提並論，甚至視爲平起平坐，不免充滿了理想性；但是放眼看去，貫穿大中小學的整個通識教育精神，不正是這份理想的反映嗎？在科學技術大興之前，教育的核心主要就是德育，中西皆然。在上世紀初科舉廢除之前的

一千三百多年間，只有會寫道德文章的學子，才具備資格和機會通過考試做官；至於「教育學之父」赫爾巴特在十九世紀初撰寫《普通教育學》一書，心目中的教育乃是以倫理學賦與宗旨、由心理學提供方法，而當時心理學仍屬哲學一支。教育走進智育當道、科技掛帥的時代，係在十九世紀末；拈出「德智體」三育並重的史賓塞，心目中其實只有科學。

自從十七世紀科學革命以來，自然科學對於揭露宇宙奧秘的工作看似無往不利，甚至令哲學家心生羨慕，更起而效尤；像叔本華利用牛頓力學觀念以解釋意志人心，為佛洛伊德所繼承；而創立社會學的孔德最初採用的名稱竟是「社會物理學」；無獨有偶地，費希納也是用「心理物理學」代表實驗心理學。自然科學緣起於自然哲學，一旦分門別類深入其中後，肯定會有不少豐收，以之回饋而修正及充實哲學並無可厚非；然而把科學論述全盤移植為哲學所用，就成為迷信科學知識萬能的「科學主義」，也就失去哲學「愛好智慧」的崇高理想了。科學主義不足取法，科學人文主義則有待批判地接受。

二、科學與信仰

將科學與信仰相提並論，看似有所衝突，其實淵源深厚；西方科學若沒有哲學與宗教相對照，也不見得會呈現出今日的面貌；而科學發展至今，儼然已成為廣受歡迎的世俗信仰。由於自然科學是建立在研究物質與能量的基礎上，因此不少科學家以及信仰科學的哲學家，會自覺或不自覺產生唯物傾向，從而輕視理性思辨，但唯物想法本身其實也屬於思辨產物。當十九、二十世紀科學技術突飛猛進之際，有些人樂觀地認為一旦借助科技之力撥雲見日，則各種思想謬見和宗教迷信都會被掃除一空。無奈至今並未見其消褪，反而更添亂象，異端邪說也可以運用科技產品無遠弗屆到處傳播，網路謠言蔓延便是例證。

持平地看，科學技術、哲學論述、宗教崇拜、民俗信仰等等，在新

世紀後現代境況下多元並陳，既無不妥更添生趣，重點在於資本主義社會中的消費大眾有無自我節制、去蕪存菁的能力。令人目迷五色的科技產品和信仰團體，帶給人們的不是沒有選擇餘地，而是無可適從；在多樣選項中已不知如何取捨，更不用提還有更基本深刻的多元抉擇。多樣與多元並非屬於同一層面，多樣是選擇用這種或那種產品，多元則是捫心自問到底需不需要使用？可不可以不用？像有人完全不用電腦手機，根本不開車，還不是活得很好。人文主義以人為本，不偏向唯物唯心，但主張御物而不御於物，用人文關懷與批判去善用科技。

三、扮演上帝

　　在一個智育當道、科技掛帥的時代與社會裏，年輕人的生涯規劃大多選擇當科學家、工程師或醫師，而整個社會也會賦與這些專技人員相對應的報酬和榮耀，如此更讓後來者趨之若鶩。伴隨著資訊傳播媒體的推波助瀾，世上每有新的科技產品問世，大群忠心粉絲必會締造採購盛況，蘋果手機便是一例。此外每當有足以抵抗疾病甚至延年益壽的藥物或方法被發明，同樣會產生廣大的渲染與擴散效果。舉凡科學技術的新興產品能夠直接應用於社會大眾身上，其中多少都會潛藏一些副作用或後遺症；像人工智能和基因改造，誰知道大量使用會有何種效果？與其亡羊補牢，不如未雨綢繆，此乃大智慧的小常識也。

　　隔行如隔山，每個科技社群都在各行其是，外行人幾乎難以有效監督，於是科學家企圖「扮演上帝」的消息便時有所聞。像基因改造、複製人類、人工智能、思想控制等等，過去僅限於科幻作品中的情節，如今或多或少已出現在現實世界之內。「扮演上帝」的野心其實相當誘人，吸引科學家樂此不疲。認真分析之下發現，「上帝」乃代表一種全知全能、無所不在的超越力量，於無形中主宰著渺小無知的人類個體。依此觀之，如今還有一種足以扮演上帝的少數群體不可不識，那便是網路科技的大老闆及其下屬工程師專家，他們手握資訊工具硬體以及大數

據軟體,在網路世界裏到處流竄,完全可以左右世界情勢。

四、科學人文主義

有些科學家執意要扮演上帝,有些則標榜科學人文主義;他們或許都希望助人,卻也對科學萬能深信不疑。在西方文化內,人文或人本主義主要是站在反對基督宗教的立場上,二十世紀先後揭櫫的三篇〈人文主義者宣言〉,一致提出了無神論觀點。由於基督宗教不是華人社會的主流信仰,就中華文化而言,論及人文主義幾乎不必扯上宗教信仰,反倒是要思考與「人文」相對的「天文」觀念。天文在此不是指天文學,而是表示天道。《易經》講天人地謂之「三才」,先民把天地想像成具有位格,足以影響人事,這種素樸的信仰著實無可厚非;但是到了儒道二家身上,有意志的天就不見得是絕對的,人力還是足以改變許多事情。

傅偉勳把古典儒道二家都視為無涉宗教信仰的現世主義,孔子不願多談生死和鬼神,老子更直接表示「天地不仁」;此說與「麻木不仁」類似,意指沒有感應。一旦天地不理會人,那麼人就完全得靠自己;儒家主張以倫理融入人文,道家則走向悟道而回返自然。時至今日,二十五世紀前的大智大慧仍然值得學習效法,但是必須考慮無所不在的科學技術之影響;西方的科學人文主義為我們作出了準備,人生教、大智教所信仰的「後科學人文自然主義華人應用哲學」乃應運而生。此一信仰內涵簡稱「天然哲」,強調「從人生看宇宙」的視角;一如後新儒家學者林安梧所言,「自然先於人,人先於自然科學」,人文適足以領悟天文。

第四節　天道與人事

一、道家與道教

　　哲學關注宇宙與人生，宗教亦然，但是哲學和宗教對於天道跟人事的觀解可能大異其趣。以傳統儒道二家而言，儒家轉成儒教有部分理由是爲政治服務，而假借道家發展出道教則主要是爲了對抗外來的佛教。作爲哲學的儒家和作爲宗教的儒教在內容上差異不大，護教者不過是想把孔子抬舉成教主和神明，其餘後學也一一坐上聖人的位置，此由各地孔廟所供奉的眾多聖賢牌位可見一斑。至於道家與道教的內涵可謂大不相同；道教一方面模仿佛教的僧團制度樹立體制，另一方面將傳統五術嫁接到道家學說中，形成擁有深刻思想內容同時又足以操作的法事科儀，以利善男信女求神問卜、延年益壽，以及用於喪葬殯儀。

　　依照文化的三層次看，哲學的道家與宗教的道教至少於三方面有所不同。在「觀念」層次上，道家重「道法自然」，因爲道就是事物的本來面目，當人們順其自然地生活，便是「還其本來面目」；而道教則追求「長生不死」，希望通過修身養性以突破自然的限制。在「活動」層次上，道家講「自然無爲」，要人們「無所爲而爲」、「爲而不有」；道教則推「內修外煉」，非但不講究清靜無爲，更全力在現世中加強修煉，以求出神入化。至於在「器物」層次，道家主「反璞歸眞」，包括以琴棋書畫、醇酒品茗體現空靈之美，喪葬亦力求簡樸；道教則分「人鬼殊途」，通過法器和儀式進行鬼靈與祖先的崇拜。

二、儒家與儒教

　　擁有兩千五百年歷史的儒家思想在今日看來，既爲一門古老的人文化成理念，更是一套早已內化於人心的華人生活型態。因爲儒家不講神明保佑而重良知良能，所以不屬於超越性信仰，而歸內在性修養。由於西方人將儒家翻譯成「孔子主義」，而孔子又是後人推崇的偉大「至聖先師」，所以孔門所傳承下來的修養教化，被視爲「儒教」亦無不可。然而因爲印度佛教在漢代傳入中國，以其嚴密的僧團制度在中土迅速發展，引起本土講陰陽五行術數之士的危機意識，乃借用部分道家思想打造出道教制度及團體。六朝以後道佛相爭，至唐代尤其激烈，更引起儒家衛道之士的反對排斥，「三教」鼎立之勢於爲形成。

　　其實儒家根本無需轉化成儒教，列爲「三教」之一，不過是因爲道佛二教的流行造勢所導致。事實上儒家自西漢以來，即屬於欽定哲學思想及官方意識型態，後來是爲了爭取百姓大衆的認同，才加入對抗道佛的行列。三教鼎立的局面一直維持到清末民初，將儒家升級爲儒教的呼聲竟然達於顛峰；康有爲是爲了救亡圖存而推動，袁世凱則希望藉此鞏固政權而遂其皇帝夢。時至今日，雖然儒家在臺灣已限縮爲課本中倫理道德的內容，以及大學課堂上的文科課程，但是對岸文廟祭孔的風潮卻愈演愈烈。大陸甚至在全球普設「孔子學院」以推廣漢語及中華文化，撇開其政治目的，實不啻爲儒家人文主義在當代的復興與傳承。

三、性善與性惡

　　相對於官方所推行的類似儒教諸多舉措，身處民間的人生教所努力的方向，則是積極宣傳「儒道融通」下的「儒陽道陰、儒顯道隱、儒表道裏」自我貞定與教化工夫。不可否認地，儒家長期居於中華文化的顯學地位，積累了許多古聖先賢的大智大慧，值得今人效法學習。何況再

怎麼說，人終究是社會動物，而儒家思想的長處，正是提供系統周全的社會倫理規範，使得人際與人群關係執中道而行，無過與不及。不過倫理規範不像法律條文具有強制性，因此只能訴諸個人道德良心；而一旦涉及良知良能，則心性問題首先必須釐清，包括本心與本性、性善與性惡的分判。心性問題傳統屬倫理學，如今則歸心理學，理當整合探討。

　　現在一談起儒家，不是四維八德便是性善性惡；問問中學生，大概都知道在善惡之辯上，孟子和荀子的想法實大異其趣，且其爭論影響後世極其深遠。不過孟荀二人並無機會在一道面對面論辯，因為他們相差近七十歲，基本上只是各持己見並傳授給門生。雖說各持己見，但也多少反映出各稟性氣質的不同：孟子主張人性本善，被說成是理想主義；荀子強調人性本惡，就被視為現實主義。這種立場之爭，從現今通過歷史社會的脈絡回顧，立即呈現出儒家思想的景深，那便是自古以降「陽儒陰法」的現象。在專制王朝的皇權下，表面上大談仁義道德，實際上執行嚴刑峻法，可說是每一代統治者的標準模式。

四、本心與本性

　　「生死學之父」傅偉勳於1993年在臺灣出書而創立了「現代生死學」，他在構思之初所想到的還是引進西方「死亡學」，不久擴充為「心性（本心本性）體認本位」的生死學；而於三年後他在大去往生之前，心性體認之學更被歸結於中國「生命學」，遂完成其由生命學與死亡學共組生死學的初衷。他曾寫道：「**涉及生死的『心性體認』，以極具現代意義的禪道（亦即道家與禪宗的融合）所發揮表現的，為最殊勝，也可以在受過禪道影響的陽明、龍溪等人的心學工夫窺見一斑。**」明代心學的傳統可上溯至孟子性善觀，也唯有通過這種正向思維，方能銜接上一些宗教性質的內在修養工夫，否則便將走向外在的「陽儒陰法」了。

　　倘若將人的本心本性上溯至孟子學說中，則人的本心可以「四端」

來界定，此即「惻隱之心、羞惡之心、辭讓之心、是非之心」；這些都
屬於人之所以爲人的基本條件，一旦做了「違心」之事，在孟子看來則
「非人也」，意指不是人，這是何其嚴重的指責！但另一方面，本性則
指生而爲有的欲望，這是人與其他動物共同具有的生物性特徵；因此唯
有利用本心的「四端」，方能將人與動物區別開來，所謂「人之異於禽
獸者幾希」的道理便在於此。換言之，在孟子心目中，本性由本心加以
規範，由於本心的四端都傾向善行，性善也就不成其問題。這是十分理
想的看法，卻讓儒家的人本思想和人文精神充分發揚光大。

 **第五節　從人生看宇宙**

一、知識中心

大智教化或新生命教育宣揚大智教及人生教，用以自度度人安身
立命與了生脫死；這並非一般意義下的宗教信仰，而屬於另類的靈性或
精神性之應用哲學信念。哲學關注的問題不外宇宙與人生，西方哲學發
展出科學之後，大幅走向從宇宙看人生的途徑；中國哲學一以貫之地沉
潛，始終走在從人生看宇宙的道路上。在今日後現代華人社會裏，宇宙
問題必須接受後科學觀點的批判，而人生問題則需要深化人文關懷與自
然嚮往。新生命教育的核心內容與價值「後科學人文自然主義」，係將
西方的「科學人文主義」和「人文自然主義」加以轉化爲中土思想的產
物，其中本土化的人文主義思想，適可體現承先啓後的橋樑地位。

本土人文主義以儒家思想爲主調，經過兩千五百多年的發展變遷，
傳統儒家已經演進到當代新儒家以及後新儒家。在過去半個世紀內，
新儒家與認同新儒家的學者，至少有三位撰寫以「生命的學問」爲題
的著作。其中居首的牟宗三指出，西方哲學是邏輯思辨取向的「知識中

心」，而非人生哲學取向的「生命中心」；因爲沒有關注生命問題，所以不曾形成生命的學問。他所指的「知識中心」正是西方哲學所強調的邏輯分析、形上思辨以及宇宙科技等「外延眞理」，卻不知個體與群體的生命處尙有「內容眞理」可待發掘並予深化。持平地看，倘若用另一位新儒家學者唐君毅所主張的「從人生看宇宙」，知識與生命就能夠相輔相成。

二、生命中心

　　牟宗三在拈出「知識中心」與「生命中心」的相對性之後，除了指明知識中心不足之處外，更進一步闡述了由生命中心開創生命的問題之大方向，那便是源生於中華本土文化的人生哲理。尤有甚者，他還分判了不足以形成生命學問的兩條路，此即文學與科學。他表示文學的進路是感性的和浪漫的，而科學進路則歸自然的及生物的，這些都達不到生命問題的中心。至於西方宗教的進路，在他看來雖然呈現出生命學問的外在形式面，卻仍與內在內涵面有一段距離。這是因爲以基督信仰爲主的西方宗教，其核心價值的神學，乃係結合希臘哲學與希伯來信仰而生，跟中國傳統以降知識分子的生命情調並不相應。

　　「生命情調的抉擇」爲另一位新儒家學者劉述先所提倡，這種自我貞定的工夫，乃是中國傳統讀書人所獨有，西方人是不足得其堂奧更難解其中味的。因爲受到基督宗教文化長期薰陶的西方學者，其心目中的生命完全由超越性的上主所創，不可能由內在性的情調而生；而即使後來出現了人文主義觀點，也只是爲反對宗教而發，不似中土學者能夠「反身而誠，無向外馳求之誤」。西方人所理解的生命僅屬於受造的「有限存有」，它是由自有的「無限存有」所創，此外不需要其他引申的解釋。相形之下，中國人對生命的領略便充滿弦外之音，像「生命教育」便指向「生命學問」而非「生命科學」。

三、生命學問

　　由於「生命教育」的提法相當具有正面積極的用意，在二十多年前於民間私校出現後，立即為官方所認同並收編；加上當局正在大力推行教育改革，到頭來竟然用生命教育取代了傳統德育。無獨有偶地，興起於上世紀末臺灣的生命教育，更於本世紀初陸續傳播至港澳及大陸；前者同源自殖民地的宗教教育結合，後者則銜接上心理健康及思想政治教育。但由於兩岸四地的生命教育基本上都屬於學生與學校教育，並未及於成人與社會教育，乃促使回歸民間的新生命教育應運而生。新生命教育是生命教育的民間版、成人版、擴充版與升級版，以通過自我貞定教化，將本土生命學問深化內化，於社會實踐中作出相應的情調抉擇。

　　生命情調的抉擇無疑是充滿情意性質的，類似對於大智大慧的頓悟，而非系統知識的學習；但是以認知心的漸修工夫契入生命學問，或許足以釐清大方向以避免失焦。對此傅偉勳以其學思憶往《學問的生命與生命的學問》一書，作出了頗具啟發意義的呈現及詮釋。他由孔子「五十而知天命」中發現，「天命」有作為命運的「氣命」與作為使命的「正命」之分，孔子一生正是由氣命逐漸轉化為正命的學思，可視為由學問的生命走向生命的學問之歷程。而他自己則因為稟性氣質使然，遂肯定正命取向是由哲學步入宗教學。但宗教學並非宗教，而是對諸宗教的系統研究，以其作為生命學問的進路實無不妥。

四、新生命教育

　　傅偉勳是我的舊識與忘年之交，也是引領我進入生死探索的前輩；或許真是生命情調的異趣，使得他從宗教學契入生命學問，而我則以科學殊途同歸。我們的學術背景都是哲學，他近宗教而我偏科學，到頭來竟在生死學及生命教育的場域巧妙相遇，可謂人生難得的因緣。1996

年他為南華大學籌辦生死學研究所，壯志未酬竟大去往生，遺願則意外由我實現。當初我正是在傅偉勳以宗教學為基礎的架構上，打造出生死學教學與研究平臺，再納入我所熟悉的科學學旨趣，終於在次年初步形成並創設全球第一間以生死課題為核心的系所。此後至今二十餘年間，我更由生死學走向生命教育，並將之轉化提昇為大智教化及新生命教育。

　　新生命教育係生命教育的擴充版與升級版，我基本上認同生命教育的旨趣與初衷，說擴充是放大而非修正，說升級是指對象而非位階。新生命教育主要為成年國人而設，用以自度度人安身與了生；安身立命的關鍵在政治清明，了生脫死則來自大澈大悟。現今華人社會乃指兩岸四地，新生命教育寄望大陸真正臻於有容乃大的王道而非強權，從而包容臺灣的偏安與港澳的兩制；至於生死安頓則基於中華本土文化的大智大慧，走向「後科學、新人生；非宗教、了生死」途徑。生命教育在國內創始至今二十二載，我自始便參與其中，近六年更發展大智教化及新生命教育以共襄盛舉。這既是我的人文關懷，也屬暮年餘生的社會實踐。

結　語

　　人文主義是西方世界於十八、九世紀針對反對基督宗教信仰所提倡的一套人生觀解，其用心主要在提倡「人本」以擺脫「神本」；但當其引進中土後，因為沒有需要反對的宗教，乃轉化為在「天文」之下觀照「人文」。由於儒家主張「人文化成」的修養工夫，一些受過西學訓練的哲學家，遂借用人文主義之說以指涉儒家思想，但是新儒家學者牟宗三卻不以為然。他認為人文主義思想不盡然足以表達儒家精義，因為儒家乃是人文教；不屬超越的宗教信仰，而歸內在的人文教化。這種擇善固執的堅持，正為新生命教育所認同和效法；但我們主張人文教需兼及自然教，亦即儒道融通的修養工夫，此乃本書一貫宣揚的主題。

第六章

自然主義

新生命教育
—— 華人應用哲學取向

摘　要

　　本章係連續三章討論新生命教育「天然哲」義理的最終也是最核心的部分，主要對焦於本土化自然主義的闡述。中華自然主義屬於西方自然主義論述的轉化，西方人關注的大自然和超自然議題，列為首節及次節考察內容；三節則將視角轉向本土性的天然論，用以彰顯自然概念在中土流行的本真義。為落實新生命教育教人以了生脫死之道的目的，乃於四、五兩節特別討論自然死與自然葬的議題。自然死雖為人們心之所嚮，但已可遇不可求，退而求其次便是較佳狀況的人為死，包括安寧死和安樂死，後者可備而不用。而於環保自然葬的提倡，必須先行轉念工夫，從儒家轉向道家，並且切實交代後事。

引　言

　　自然主義作為「天然哲」最核心的部分，並非隨興所至，而是精心安排；此可以「天然哲」一說看出端倪，「天然」即意指「自然而然」。但是自然主義在中華文化裏並非主流思想，甚至長期位居邊緣，屬於另類；這多少是因為帝王皇家獨尊儒術以鞏固政權的結果，到如今步入民主自由社會，主張「儒道融通」的中華人文自然主義，既具有合理性、正當性，也有其實際上的需要。由於新生命教育推動的目的，在於針對成年國人自度度人，以達到安身立命與了生脫死的境地，而此二者各自適足以作為儒家與道家思想的擅場。不過儒道融通與其說各取所長，更好是相輔相成；像民國的政治處境，就應捨儒家「正名」而就道家「全生」。

第一節　大自然

一、宇宙時空

　　「自然」作爲一個概念，在西方人心目中主要指向現實的「大自然」世界，而非代表某種理想的「自然而然」本眞狀態。上世紀英國著名哲學家暨數學家懷海德曾出版《自然的概念》一書，明確表示自然是人們通過感官知覺所觀察到的事物，面對自然從事科學性研究的則是自然科學。至上世紀末後新儒家學者林安梧拈出「自然先於人，人先於自然科學」之說，爲西方傳統提供了一帖恰當的註腳。但是包括儒家在內的整個中國哲學對自然的理解，其實有著相當豐富理想的意涵，像道家講「人法地、地法天、天法道、道法自然」，其中天與地涉及實在的大自然，而道與最終極的自然則指向理想空靈的本眞境界。

　　西方人傾向就事論事，說一不二；像自然的概念僅指大自然，此外無他；另如就死論死，絕不言生，因此只提死亡學不論生死學。興起於兩千六百年前的西方哲學，一開始只考察宇宙時空中森羅萬象的形成原因，是爲宇宙論時期；關注焦點於兩百年後才由外而內，開啓人事論時期；但終究離不開從宇宙看人生，此與中國哲學的取向大異其趣。西方宇宙論到了亞里斯多德達於顛峰，理當視爲更大範圍的自然哲學。他是歷史中極爲博學的哲學家，著述無所不包，其中包括物理學，討論物質和運動。從現今回顧這些討論，當然顯得錯誤無稽；但依孔恩「典範轉移」觀點看，他的自然哲學論述，已爲後世自然科學的啓蒙奠定了基礎。

二、天　象

　　人類雖非萬物之靈，卻演化出一顆認知心智，足以表達思想及相互溝通。雖然在文明發生之初因各地隔絕乃各自爲政，但「仰觀天象，俯察人事」的認知體證，卻是所有先民共通的經驗。今日的天象觀測及宇宙探索已屬氣象學和天文學的任務，但於古代西方此乃神話與哲學的關注對象。值得一提的是，後現代科學哲學家費若本根據他對先民自然哲學的思想考古發現，遠古神話所呈現的就是現實而非象徵，屬於當時一個部落或民族的集體認知；這種情況跟現今文明人通過科學認識世界和天象，並無本質上的差異，因此不存在高下之分。這是他有名的「海闊天空、各自表述」論調，使其成爲極少見的「知識學無政府主義者」。

　　雖然今日世上絕大多數「文明人」都相信主流科學所提供的宇宙觀，但還是並存著各式各樣的另類觀解；這些都代表著人類對自然的認識，同時界定了不同族群與自然相處的各異關係，例如戡天或順天。宇宙即指我們所座落的時空，古代與中世相信「地球中心說」，到近代根據科學觀察加上數學演算而演進成「太陽中心說」，但於今看來仍不免失眞。這是因爲仰觀天象所使用的工具大幅改進使然，一九二零年代發明的哈伯望遠鏡，一下子把可以觀測的宇宙邊界擴充了無數倍，而後來的無線電望遠鏡探索的區域更是無遠弗屆。問題是由天象觀測所發現的自然之宏大，無形中更反映出人類之渺小，究竟我們該當如何自處？

三、生　態

　　宇宙至大無外，往往令渺小人類歎爲觀止，偶爾也會讓想像心靈神遊太虛，但人們的腳步終究還是牢牢踩在自己所生存的唯一地球土地上，因此地球的種種變貌也將深深影響著人類的思想與作爲。1962年一本由美國生物學家卡蓀女士所撰寫的《寂靜的春天》，意外博得全球矚

目，更成爲日後創立環境倫理學的嚆矢。這部書主要講述當時流行的殺蟲劑對自然生態的破壞，由於發人所未發，遂引起人們廣泛的關注。半個世紀後的今天，提倡環境保護與生態保育的呼聲已不絕於耳，範圍且放大到人類製造碳排放量所導致的全球暖化重大危機。這究竟是現世預言還是危言聳聽，仍屬見仁見智。

全球暖化存在與否，或許可以從極端天氣此起彼落感受一二；雖然美國前副總統高爾前後推出兩部記錄片「不願面對的眞相」大聲疾呼，但現任總統川普卻堅持不信這一套。即使如此，但隨處做環保爲舉手之勞，何況今日生態環境的保護已屬全民責任，不宜推卸。生態學的核心概念乃是生態鏈，通過生物演化論的觀照，將人類與其他物種的生滅消長緊密結合在一道，希望人們正視彼此禍福與共，不能自行其是。生態學曾經爲生物學的一支，如今則納入更大範圍的生命科學，構成自然科學的重大課題。往深一層看，對生態現象有所肯定與把握，已突破過去自然科學的機械性假設，從而體現出全方位宏觀的有機視野。

四、知　識

生態學作爲自然科學的一環，其實已爲銜接社會科學及人文學科搭建了溝通橋樑；放大並往深處看，人類三大知識領域在後現代情境中，既能夠也必須互通有無，而不能再本位主義地堅持己見。新生命教育推廣宣揚人生大智教另類信仰，係以本土自然主義爲最核心部分，其源頭可上溯至古典道家「道法自然」的思想。中華自然主義可視爲西方自然主義的轉化及擴充；西方人就自然論自然，主要討論大自然；中國人言及自然，則始終想到自然而然的本眞狀態，從而提倡一套反璞歸眞的生活方式。就哲學的人文知識而論，要建構華人應用哲學論述之前，有必要對其根源的西方自然主義有所把握，此中知識進路即爲概念分析。

概念的邏輯分析一向爲英美分析學派的利器，上世紀八零年代美國分析哲學家史特勞森將自然主義分爲軟硬兩大類型；硬的自然主義循著

科學知識的化約路線走，懷疑一切科學所無以解釋的可能；軟的自然主義則傾向於對科學之外的觀點多所包容，從而由前者的現代性走向後者的後現代性。此一軟硬二分之說，可視爲上世紀初美國實用主義哲學家詹姆士對人們宗教信仰有無的判準之翻版；由於軟心腸的人容易靈動，或許得以呼應軟性自然主義的有容乃大。由此觀之，中土自然主義肯定歸於軟性而非硬性，但其內涵卻不一定要走向宗教信仰；人心更好的歸宿，或許是一套有容乃大、順應自然的人生信念。

第二節　超自然

一、原始信仰

　　西方自然主義走向硬性路線，多少是不願意跟宗教信仰糾纏不清所作的劃清界線之舉，其判準正是實證經驗取向的自然科學知識，且有條件納入社會科學及人文學知識。舉例來說，哲學中的倫理學探討道德規範問題，科學取徑要求規範倫理必須通過描述倫理的考察方有意義，如是各民族的倫理道德便呈現出相對性，而不能放諸四海皆準。這點在現今看來不無見地，以儒家提倡孝道爲例，孝順一向被視爲人性本然，但從文化生態學考察，其實爲漢民族一時一地的產物，全球僅華人有此德性即爲明證。真正爲硬性自然主義所不喜的乃是「超自然」之說；相信超自然是所有原始信仰和宗教信仰的特徵，否則便不成其爲信仰。

　　平心而論，今日文明人所想所指的超自然現象，在先民心目中或許再自然不過；在大自然嚴峻條件考驗下的先民生活，相信超自然力量既爲破壞與死亡之因，也是庇佑和新生之源，著實無可厚非。考察諸民族的原始信仰，大多屬於萬物有靈論，其後或發展爲多神論及泛神論，但像猶太教以及其後的基督宗教和伊斯蘭教相信一神論，則歸極其少數。

而無論一神、多神或泛神，只要相信舉頭三尺有神明，則神與人的世界必然二分。其實原始信仰既崇拜天地神明，也相信人物鬼靈；鬼魂會作怪，因此也屬於不易爲人所知悉及把握的超自然力量。隨著民族文化的發展，也形成一批能與神明和鬼靈溝通的代言人，那便是巫師。

二、巫　術

巫師通曉巫術，擁有不同於一般凡俗之人的感應能力，因此足以作爲鬼神界與人世間溝通的媒介；此外先民相信病痛係由鬼神所引起，因此巫師又成爲診治百病的醫師。如今醫師多以藥物治病，「醫」的字根遂爲代表藥酒的「酉」；但原始「毉」的字根其實爲「巫」，以示巫醫一家，至今仍存在於一些少數民族文化中。尤有甚者，即使在所謂文明社會，講究的是科學性的醫療診治，但依然存在有非科學的醫術；相對於主流西方醫學，多視之爲另類醫療或民俗療法，連傳統中國醫學都包括在內。作爲消費者的百姓大眾，只要有療效便能夠接受，這也是爲什麼在華人社會得以中西醫並存的原因，中醫且已普遍納入主流醫療系統。

通過醫學史的考察，中醫其實自成一格，在數千年經驗積累下，早已臻於成熟；可是如今西醫當道，只好與之妥協，從而納入醫療健康保險的一環。而一旦從後現代「肯定多元、尊重差異」的視角看，傳統醫術甚至民俗療法均有其可取之處，科學哲學家費若本即對此有所肯定。放眼看去，民俗療法至少在臺灣仍大行其道，且頗具商機；雖然已是科學昌明時代，但畫符、念咒、通靈、收驚、吃香灰的民俗文化活動，在各地宮廟隨處可見，無異於現代巫術。此等活動在更有組織、更具系統的普世宗教團體內亦不時可見，天主教驅魔儀式及佛道二教的各種法事皆屬之；其於後現代多元開放社會，始終保有一定生命力。

三、宗　教

在追求有容乃大的理想下，大智教或人生教希望像道教一樣具有持續的生命力，乃自我打造成生活教、常識教，並藉大智教化或新生命教育推廣教義。這些以「教」為名的作為，其實類似儒教而非佛教，僅推行教化而不設教團。我一向強調宗教和信仰是兩回事，宗教為團體活動，信仰屬個人抉擇；一個人可以選擇信這門或那門教，也可以選擇不信教。一旦信教就必須通過「儀式」加入教團，此謂之「皈依」；而一門宗教除了要符合上述兩項條件外，還得納入「教主、教義、經典」三大條件。其中皈依乃是關鍵性條件，依此觀之，儒教嚴格說來便不算是宗教，但它卻深深內化於廣大百姓的日常生活中，影響著人們言行舉止。

對岸雖然號稱有宗教信仰自由，但是在堅持無神論的共產黨長期執政下，人民擁有的其實只是不信教的自由。相形之下，我們便顯得百花齊放一片盛景了。創始於臺灣的生命教育歷史雖然不長，卻在各門宗教團體的共同護持下不斷茁壯成長，從而形成「各自表述，各取所需」的局面。不過官方生命教育始終僅屬於學生的學校教育，並未顧及成人的社會及自我教育，作為民間版的大智教化或新生命教育，其作用和目的即針對後者而發。新生命教育在國內嘗試以反諷性擬似宗教的大智教或人生教之姿推廣，無非有些標新立異的用心在內；但並不僅只於嘩眾取寵，畢竟人生教的確足以承擔一門另類宗教信仰的度化功能。

四、靈　性

我於本世紀初在建構生死學論述之際，便提出「生物—心理—社會—倫理—靈性一體五面向人學模式」，嘗試從五大方面去考察一個完整的人。由於「生死關懷」曾列入生命教育七大主題之一，此一模式遂

被引申用於新生命教育，尤其是針對助人了生脫死的部分。上述五面向的舖陳，其實參考並結合了醫學與護理學的教學研究模式；亦即「生物—心理—社會醫學模式」，以及「身、心、靈護理模式」，另外再加上二者皆不可或缺的臨床倫理關懷。其中有關靈性的探究，同樣屬於生命教育七大主題，亦即「人格統整與靈性發展」；在最初所設計的課程綱要中，它既涉入心理學又觸及宗教學，由此反映出人心與精神上的需要。

　　心理與精神二概念有時會被混為一談，但若能夠加以區別，可以理解得更多。心理學原本歸於哲學一支，晚至1879年始獨立成為科學學科；它在哲學階段先後以「靈魂、精神、心靈、意識」為關注焦點，至科學階段則轉向「行為、認知」面。當心理學越發向人間下凡，就越發把那些神聖課題還給宗教了；如今一旦言及精神或靈性，多少便會沾上一些宗教味。但這僅是就西方觀點視之，倘若採取本土觀點考察靈性，其實可以完全不碰宗教。新生命教育主張「後科學、新人生；非宗教、了生死」，在靈性層面提出「靈性即性靈」的可能，鼓勵人們追求人生中的性靈甚至空靈之美，這正是以下要討論的本土自然主義之精髓。

 ## 第三節　天然論

一、回返自然

　　人生教的核心內容與價值是「後科學人文自然主義華人應用哲學」，在本土化的召喚下，西式哲學得以轉化為中式義理學，因而此一哲學可簡稱為「天然論義理學」或「天然哲」。「天然」意指天性如此、天生如此，乃係未加修飾的自然而然本來面目，屬於道家所追求的最高境界「道法自然」。道法自然當然有其深刻抽象的義理支撐，但就

華人應用哲學而言，更重要的理當是從義理轉化出意理的生活實踐，歷史上最著名的提法，當屬陶淵明的詩句：「少無適俗韻，性本愛丘山。誤落塵網中，一去三十年。……羈鳥戀舊林，池魚思故淵。……久在樊籠裏，復得反自然。」詩文反映出一個不喜做官的人，回歸園田的心意。

陶淵明被尊為「隱逸詩人之宗」，他曾三度出仕，卻體認出官場如苦海，欲去之而後快，乃辭職回家自食其力，躬耕自適，雖苦亦值得。這正是「生命情調的抉擇」絕佳例證，必須通過反身而誠的工夫始能落實。當然在世間一種米養百樣人，或許愛做官的人更多也更常見；這並無可厚非，新生命教育乃為入世者提供安身立命的分析，而對出世或避世者強調了生脫死的重要；彼此各取所需，並行不悖。事實上就像陶淵明這樣的大隱士，年輕時也不乏入世之心，但到頭來終因世道不彰且遇人不淑，終於下決心遠離市塵回歸園田。放大觀察，我們在他身上看見的乃是儒道融通，但絕不刻意媚俗，而是順其自然。

二、順其自然

中國古代沒有職場只有官場，文人可以選擇的道路非仕即隱，乃有「大隱隱廟堂，中隱隱市塵，小隱隱山林」之說；其中前二者皆屬「吏隱」，亦即有官銜在身但不積極作為。不過居高位卻不管事的機會越來越不可能，唯有做個不大不小的官抽空自己找樂子比較務實，這便是白居易所發明的「中隱」之道。陶淵明相對來說就沒有這份福氣，只好回家自食其力，而他的回返自然，也的確腳踏大自然的實地；只是農耕改變地貌，並不盡然是在跟「自然」和平共存。前面提到過，陶淵明選擇回返自然，多少是個人稟性氣質使然；他既然「少無適俗韻」，到頭來就依照自身喜好作出決定，如此順乎自然，已屬「自然」的本真義。

本土自然主義的最大特色，以及跟西方自然主義的最大差別，正是這種「順其自然」的本真義較「大自然」的如實義，更受到人們重視，

此即道家思想的體現。傅偉勳在晚年曾想建構心性體認本位的中國生命學，可惜未能盡其功而大去。他所構思依於本心本性的生命學問之實踐典範，乃是結合道家與佛家禪宗的豁達人生；順應自然不事造作，當屬其中重要的修養工夫。禪宗是中國佛教特有產物，不再執著於印度原始佛教的因果輪迴和出世精神，反而處處顯示出「平常心」。這在長久生活於儒家入世倫理下的中國人看來，不啻跟主張擺脫生活框架、順應自然發展的道家同調；而道禪思想依此合流，也是自然而然的事。

三、道法自然

　　道家提倡順應自然、反璞歸眞的人生態度，在漫漫的歷史長河中，被一代又一代的中國人所心儀嚮往。但是這種從簡的人生觀背後，畢竟有著一定的素樸宇宙觀在支撐，否則不易流傳久遠。「儒道墨法」構成中國古代哲學四大家，既爲哲學義理思想，必有其本體形上思維，在道家來說便是「道」。老子有言：「**有物混成，先天地生。……吾不知其名，強字之曰『道』……。人法地，地法天，天法道，道法自然。**」這裏明顯地把「道」視爲形而上的原初存有，而「道法自然」並非指道之上之外另有自然，毋寧是說以道的自然本眞性呈現出道即自然。至於人與地與天與道之間的關係，無不表示一概取法與效法自然之道。

　　一旦「道」的形而上地位被確立，就足以次第開展形而下的宇宙時空森羅萬象了。「**道生一，一生二，二生三，三生萬物**」，這多少已反映出由簡而繁的具象發生過程。不過老子以及整個道家思想的用意，並非在於說明宇宙的自然生成，而是希望人們通過這些說明，反觀事物生成的自然本來面目，從而作爲人生實踐的參考。正是在這點上，老子一反孔子以及整個儒家的積極進取作法，轉而走向消極保守的「絕聖棄智」道路，最終目的則在於「全生葆眞」。《史記》記載了孔子問學於老子的故事，表示他們乃是同一時代的人，卻因稟性氣質的不同，各自開創出中國思想的兩大學派，長久以來各有千秋，讓萬世受益良多。

四、自然而然

　　新生命教育或大智教化以人生教及大智教之姿，針對成年國人推廣社會及自我教化，自度度人安身與了生之道。無論是根據人類發展學還是常識觀點，人生皆不脫生老病死的生住異滅與成住壞空，死亡終究在所難免。倘若我們由生觀死，想到一切必將消散，心中不免失落。然而一旦發現「此念是煩惱，轉念即菩提」的可能，失落感所帶來的煩惱反而隨之消散。究竟轉念可以有何種領悟？人生教的義理告訴我們三大發現：「由死觀生」的認識論、「向死而生」的本體論、「輕死重生」的價值論；通過這一系反身而誠的自我貞定工夫，便會體證了生脫死乃是自然而然的水到渠成，根本用不著杞人憂天而貪生怕死。

　　本章屬於全書闡述人生教義理的最後部分，希望言簡意賅地呈現作為本土自然主義的天然論之奧義。如果本土人文主義多用於安身立命之所繫，那麼本土自然主義便具有了生脫死之為功。莊子認為生死可以齊觀，這是大智大慧的見解，不易為我們凡夫俗子所能理解把握，更不用提躬行實踐。但是面對大智慧見雖不能至心嚮往之，了生脫死的生命學問只通過認知心去學習，恐怕會流於不相應；倘若同時採取情意取向的人生美感體驗，就有可能心領神會。生死之事既然繞不過去，則不妨用自然而然的平常心去觀照它，盡可能走向了生脫死的理想。以下將分別討論自然死和自然葬，此乃構成中華自然主義的重要引申應用內容。

第四節　自然死

一、安寧死

　　西方自然主義主張用科學去解讀自然事件，同時避談超自然之種種；中土自然主義則傾向通過自然的本真義去舒緩人心的刻意造作，從而順乎自然。二者看似大異其趣，其實相輔相成；一旦融會貫通，適足以用於生死抉擇的考量上。牟宗三說儒家是人文教，新生命教育則自視為人文自然教，以「文理並重、東西兼治；物我齊觀、天人合一」的理想化修養，對焦於了生脫死的領悟，圍繞著自然死與自然葬的選擇自我貞定。考量自然死的可能，立即不得不面對一項弔詭，那便是因為醫藥科技的大量介入，病患其實已經很難自然死；充其量不過是「盡人事，聽天命」，結果往往把病人折騰得差不多了，終不免一死。

　　在科技掛帥的時代和社會裏，有一位深具人道關懷的智者桑德絲醫師，於半世紀前全力將西方傳統上具有宗教情操的護病措施，加以復興及發揚光大，而於英國倫敦成立了世上第一家現代化的「聖克里斯多福安寧院」，以推廣安寧療護。設置獨立於醫院之外的安寧院之初衷，是為了避免病患在醫院內受到不人道的治療，導致含恨以終；無奈許多國家在追隨此一理想後卻發現窒礙難行，因為牽涉到保險給付，到頭來紛紛被醫院收編。安寧療護的主旨是病患一旦出現診治無效，立刻放下捨得，選擇進入緩和療程，以利盡量死得順其自然，而非從事不必要的急救。如此良法美意，卻經常得不到主治醫師認可，使得進入安寧死不易。

二、人為活

　　醫師以救人為天職，但是在執行專業精益求精的要求下，可能有意無意地擔起「扮演上帝」的角色，將病人的生死抉擇掌握在自己手中，以為唯有如此才算善盡職責。當然我們不能完全質疑醫師的專業決策，畢竟現代醫學走到今天這一步，也的確克服了不少疑難雜症；加上對於傳染病的有效控制，大多數人類方能活出應有的水準。例如臺灣百姓近年的平均餘命已超過八十歲，這是半個世紀以前不敢想像的事情。不過醫藥科技持續進步，乃是專門知識不斷深化的結果；然而一旦深入，所見必然日小，專業人員往往見樹不見林。像專科醫師在同行不斷鞭策下，難免對焦於「病」卻看不清「人」，可謂捨本逐末。

　　如今大概人人都上過醫院看診，而診間的標準編制至少會有醫師及護理師各一。護理專業由南丁格爾開其端，至今已發展一個半世紀，國內的護理執業人員已幾乎沒有護士，基本上由至少具備專上學歷的護理師站在第一線，跟醫師相互搭配共同為病患服務。往深一層看，醫療和照護多少具有本質上的差別；醫師重於「診療、治癒」，護師則在乎「關懷、照護」。雖然現代醫學開發出各種侵入性治療方法，但是人體承受修復的程度終究有限，「人為活」有可能重量不重質，讓患者求生不得、求死不能，僅流於苟延殘喘的困境。此刻醫學的治療觀，若能稍微吸納一些護理關懷觀的智慧，或許能知道何時該「適可而止」。

三、人為死

　　平心而論，在現代醫藥科技的侵入性治療下，幾乎已難以分辨何種情況才稱得上自然死。回到歷史縱深看，使用醫藥治療疾病，乃是伴隨著人類文明的發展而存在，可視為擺脫茹毛飲血階段的一項特徵。那時候如果一個人被野獸咬死或跌落山溝而死，應可視為被「大自然」所

致死；但是如今討論自然死，卻是希望在藥石罔效的情況下，「順其自然」而死。於是我們可以發現，「自然死」的概念，其實更接近中土而非西方的自然主義觀點。但是這種自然死無疑跟在自然界死亡的意義相去甚遠，反而更屬於人為造作下的產物；換言之，正是因為人為活卻活不了，才想到該死就死的順其自然死，多少有些無可奈何之感。

從另一個角度觀察，現代人生病也不全然是自然現象；我們生活的環境中，充滿了各種人為產生的致病源，或許才是更有可能的致命因。所以總的來說，文明人得到的大多是文明病，有辦法當然希望用文明的方法活著保命，一旦保不了則同樣可以考慮各種文明的死法。文明死不脫人為死，最好是能夠人道死；眼前看來安寧療護似乎是不錯的選項，至少比人為治到死來得人道。不過將安寧死全然視為自然死仍不免牽強，因為即使是緩和醫療，仍有一定療程介入，並非眼睜睜看著病人「不治」。何況更接近自然狀態的死亡，恐怕是很痛苦的過程；此刻作為人為死的安寧死固然人道，提早讓患者結束活受罪的安樂死同樣受用。

四、安樂死

在國內有一個特別現象，那就是安寧死的提倡者非常排斥安樂死；可能的原因之一，或許是護持安寧死的大多為宗教團體，從而將安樂死視為殺生。值得注意的是，整個醫療界雖然並不反對安寧死，卻也無心積極支持，專科醫師心目中的理想往往是治到死。於是我們會發現，在臨床上其實至少存在著三種可能：不少醫師希望無論如何治到死，某些人道者主張藥石罔效時停止治療令其安寧死，另外一些更有心的人士則支持讓不願多受罪的病患或家屬決定提早結束病痛的安樂死。這三種可能表現出三項與時間有關的目的：專科醫師努力讓病人延長活，安寧療護主張該死就死，而安樂死則試圖提早死。

從理想上看，「應盡便須盡」比較合情合理也合法，相對而言延長

活似乎不盡合乎情理,至於安樂死目前則不合法;但它們終歸屬於三種選項,前二者天天看見,後者有在做卻不能說。新生命教育基於人道立場,主張推動安樂死合法化,使其備而不用,而非醫病雙方游走於法律邊隙間。進一步看,因為安樂死乃是提早死,將插管病人拔管,以及注射過量藥物讓患者不支而死其實皆屬之。不過大家想到看見的,還是像傅達仁喝毒藥解脫之類的報導,但這其實只算是協助自殺。因為醫助或協助自殺下的患者多有意識,只要當事人充分表示決心,爭議尚不算太大;真正的重大難題,恐怕還是由醫師打一針藥到命除是否可行。

第五節　自然葬

一、厚養薄葬

　　雖然在國內已出現連署公投讓安樂死合法化的活動,但效果並不彰,無疑還有很長的路要走。不過另一項為大智教化或新生命教育所認可推動的議題,其實早已載入法規中,那就是自然葬。今日的自然葬不是像莊子嚮往的隨處葬,而是講符合環保意識和行動的盡量反璞歸真之葬式與葬法。就當下的現狀看,環境保護已非未雨綢繆,而屬亡羊補牢之舉;環保自然葬首先要破除的就是傳統的厚葬習俗,改以薄葬下的潔葬與節葬。人生在世不脫生老病死,在深受儒家思想影響下的華人社會,生養死葬乃是為人子女善盡孝道的基本要求;時至今日,這項要求更應該深化為厚養薄葬方稱到位,二者皆令父母無後顧之憂。

　　由於現代人的安身之所,主要為由父母和子女兩代人所組成的核心家庭,於是生養死葬也只是這兩代人之間的事;而且還必須轉化為雙向互動,並非單向表現。在西風東漸已成流行的情況下,西式作法必然要作為參考;由於西方人的善養多指上對下的養育,而非下對上的安養,

於是儒家傳統勢必要有所修正。現在的情況是，父母把子女辛苦養大，子女有責任爲父母送終；子女還有責任照顧下一代，卻不必然要反哺上一代。於是爲人父母者在中年以後，務必要懂得自求多福，包括老齡安養以及料理後事，最好都能夠事先安排並交代清楚，盡量讓自己和子女雙方皆無後顧之憂。而能夠交代環保自然葬，可謂善體人意。

二、反璞歸真

大智教化或新生命教育是成人版生命教育，教人以安身與了生之道；反身而誠，教化的頭一步便是反問自己的人生觀及人死觀。在死亡方面，從料理後事的安排和交代，大致上足以反映出一個人的稟性氣質。雖然說本性難移，但無論是學校教育或社會教化，無不希望移風易俗，改過遷善；如果對象眞的難以受教，那麼就連至聖先師也無從發揮所長了。由文明發展和社會進步歷史看，正是因爲教育有其功效，發展進步方有可能出現；新生命教育在了生脫死方面，首先要推廣的便是對塵世肉身的斷捨離。放下執著便得以反璞歸眞，否則就會落得煩惱不斷，含恨以終。過去人們不喜安樂死及自然葬，不過是因爲不辨其眞諦罷了。

我國在進入後現代新世紀的多元社會後，很多政策都是開風氣之先，走在亞洲最前端；像是積極推動安寧療護、立法施行環保自然葬，以及近年的廢死及同婚等等。既然如此，作爲民間理想的新生命教育，就希望大聲疾呼立法安樂死、落實自然葬。前者目前尚不成氣候，但是後者只要大家能夠充分認識和廣泛認同，在於法有據的情況下，應該會產生實質的效果。事實也是如此，近來選擇海葬、樹葬、花葬、灑葬的人數年年增加；雖然有些屬於二次葬，但終究已形成一股清新風氣。尤其臺灣鄉間有撿骨習俗，在親人入土多年後破土開棺起掘洗金，再將骨骸置於甕中入塔；此際若能改以研磨爲粉末另行自然葬，同樣不失功德。

三、縱浪大化

在國內的殯葬改革推動下，雙北兩大都會區的聯合海葬及樹葬作法，都呈現出可觀成績。臺北市因爲不臨海，因此需要聯合新北市甚至桃園市合辦；過去曾面臨執政的黨派相異，而出現不願借道的尷尬局面；好在後來因爲百姓的認同，問題終於迎刃而解。以臺北市推廣樹葬爲例，富德公墓不但將葬區不斷擴大，更增添了寵物專區，同樣受到市民歡迎。過去的寵物如今已升級爲家庭成員及夥伴，甚至暱稱「毛孩子」以示親近；在「狗子也有佛性」以及「善待有情眾生」的慈悲喜捨理念下，由推己及物而實現眾生平等的理想，不啻爲生命教育以及新生命教育的良好示範。自然葬區值得前往體驗教學，並鼓勵人們身體力行。

此外海葬亦值得一提，早年臨海的高雄市曾開風氣之先首先試辦，卻因民風未開而不了了之；其後不臨海的臺北市決定再接再厲，卻一度由於出海的適法性問題而交由民間自辦，後來終於獲得鄰近縣市首肯得以聯合舉辦。不過最初由於宣傳不足，加上民心仍傾向保守，以致一年只能勉強舉辦一回。如此一來，即使有意海葬的人，也會因爲時機不能配合導致骨灰必須暫存許久而打消意願。最近的情況則已經大爲改善，首先當然是民風漸開，詢問的人增多；加上政府主動表示若海象許可則每季舉辦，終於把認同感和知名度都提升上去。選擇海葬得以縱浪大化，不失爲一種浪漫的回歸自然方法，有待人們善加利用。

四、交代後事

每個人的身後事都必須交由別人代辦，首先由親友聯繫安排，再請殯葬業者張羅處理；若已事先購買生前契約，則一通電話便大致搞定，自己和親友均無後顧之憂。如今人們大多自掃門前雪，碰上喜喪事紅白

帖轟炸不免困擾；尤其是個人身後事，著實應該自覺地盡量避免給別人添麻煩。往長遠看，臺灣的少子化現象在世界上數一數二，不少人選擇澈底無後，到頭來就只能以房養老或交付信託以及善用生前契約了。新生命教育作為成人生命教育，涵蓋的年齡層從二十歲到八、九十歲，橫跨生存競爭第一齡、生涯發展第二齡、生趣閒賞第三齡，主要教人以安身與了生之道；其中了生脫死的第一步，便是妥善交代後事。

以我的母親為例，她老人家十年前活至九十有二，雖然老病纏身，卻無重大苦痛；有天她睡前表示要好好洗個澡，結果安詳壽終內寢。由於她生前交代要將骨灰灑海，我們乃從善如流，令其縱浪大化；此後每歲忌日在船隻出海的淡水河口灑花悼念。有年我遠赴四川成都任教，無法返臺，便在忌日當天將花朵拋入岷江水中，想像它能順流而下，一路沿著金沙江、長江進入東海，而與淡水河口遙遙相望。海葬雖然讓先人骨灰無影無蹤，令人悵然；但是想到一衣帶水，無遠弗屆，又為之釋然。「此念是煩惱，轉念即菩提」，人生教提供以轉念化煩惱為菩提的方便法門，實為將大智慧轉化為小常識的活學活用。

結　語

新生命教育或大智教化以「後科學主義、人文主義、自然主義」三大概念構成核心內容，本書在介紹新生命教育的應用哲學義理方面，連續以三章篇幅對之進行闡述，至此告一段落。由於新生命教育係以成年國人為訴求對象，教人以安身與了生之道，必須扣緊個人生活的時空脈絡而發；而基於自然主義乃是整個論述的最核心部分，本章所討論者乃圍繞著本土自然主義，因而更重視自然概念的本真義。華人的自然觀雖然也觸及科學面的大自然，但人們更多將之理解為人文性的順其自然處世態度。依此觀之，本章便以專節介紹自然死與自然葬的相關議題；尤其主張提倡備而不用的安樂死，以及無後顧之憂的環保自然葬。

第三篇

人生意理

第七章

自我貞定

摘　要

　　本章進入新生命教育或大智教化書寫的第三篇，旨在對作爲另類擬似宗教系統的人生教、大智教，進行意理實踐的貞定工作。全文分爲五節，首節提出人生教用以示人安身立命與了生脫死的大智大慧，屬於哲學教及生活教。次節揭櫫人生教的基本內容，此即後科學人文自然主義華人應用哲學，對之分別加以詮釋。三節進一步闡述以新生命教育推廣人生教的自我與社會面向，並呈現作爲其根源的生命教育之初衷。四節爲新生命教育賦與應用學理內涵，主要借用教育學、教育哲學及教育實踐的既有知識予以發揮。末節檢視常識、知識、智慧三者的辯證發展，並強調依大智慧擺脫小聰明並回歸活常識的重要與必要。

引　言

　　入老前出版新書《六經註》，主軸爲半世紀學思歷程回顧，另附六篇議論文章，除一篇外，皆屬之前兩年開會應景之作；正是這篇〈大智教的建構〉，啓動日後一連串續筆，不吐不快，本書即爲其持續修訂下的成果。如今老之既至，時不我與，大可不必遮掩閃躲，直接了當拈出「大智教」、「人生教」作爲暮年餘生立命之志業，自我貞定，擇善固執。前此讀到美國法學家德沃金臨終前出版的小書《無神論宗教》，頗受啓發，從而認定人生教可以視爲相信「人死如燈滅」現世主義的常識教、生活教。爲深化人生教義，本章乃自理念與實踐兩方面對之從事貞定工作。貞定係指堅定不移，我願宣揚人生教至死方休，雖千萬人吾往矣。

第一節　大智慧

一、愛好智慧

　　人生教信仰古今中外聖賢才智的大智大慧，但並非照單全收，而是本著「西用中體、六經註我」原則，針對「安身立命、了生脫死」需求，通過「抓大放小、去繁從簡」方法，篩選「與時俱進、推陳出新」的生活智慧爲己所用。信仰的源頭是思想，其作用則產生力量。大智教、人生教源於古老的中西哲學思想，但「哲學」在此並非指現今窄化的學院知識，而是體現西學「愛好智慧」原旨，以及中土「文史哲不分家」理想。哲學在西方稱「愛智之學」，於中國爲「義理之學」，皆非劃地自限，而是海納百川。值此後現代契機，大可「質疑主流，正視另類；肯定多元，尊重差異」，將大智教、人生教打造成擬似宗教信仰的另類選項。

　　哲學探討的問題不外「宇宙與人生」，人生教主張「由死觀生」，進而「從人生看宇宙」。生死大事一般有三問：「我從那裏來？我往那裏去？活在當下如何安身立命、了生脫死？」各門宗教多針對前二問提出眞理式答案，人生教追隨蔡元培「以美育代宗教」的理念，視之爲美感體驗，不予深究，僅以「我從娘胎來，往棺材裏去」爲常識性表述。其眞正關注者厥爲最末一問，期待世人撇開對前世和來世的迷思，就現世種種加以正視和重視。這當中其實蘊涵了人生大智慧，它足以化爲生活小常識，但是務必避免戲耍小聰明。從理想上看，人人都可以成爲哲學家，爲自己的人生觀提供完備周全的見解。

二、安身立命

　　大智教、人生教以現實人生爲核心關注，現實可以賦與理想，但不能太過完美，而且必須全盤落實於現世。現實人生不脫生老病死，一生三齡則從生存競爭到生涯發展再至生趣閒賞，關注焦點遂落於安身立命與了生脫死兩方面。不同於世俗觀點對安身立命給予相當正向的意義，人生教則從「由死觀生、向死而生、輕死重生」的大智慧之中，看見空靈之美，從而提倡澹泊寧靜、不忮不求的中隱之道。一旦由死觀生，發現向死而生，就會把了生脫死的重要性置於安身立命之上。因爲人們無論如何安身立命，到頭來終究是非成敗轉頭空；一旦有此領悟，自然退一步海闊天空。不過基於輕死重生，安身立命仍有一定重要性。

　　「安身立命」係禪宗語，可引申爲「安頓身心、樹立理想」之意。人在入老之前大可就此多所安排，但老後務必要放下捨得，否則將自尋煩惱。這是因爲人生作爲能量消散的過程，「能趨疲」的熵值必然會趨向最大亂度，最後終於死亡。人死如燈滅，存在即自知，此一曉得必死的自知之明，足以讓我們在不斷幻滅之中創造空靈之美，包括各式信仰信念。今人平均餘命大抵八十上下，安身立命一般覆蓋從就業到退休的生涯發展四十載之間；其間所呈現的生住異滅、成住壞空大勢所趨，需要用大智大慧加以解讀，方能全身而退。人生教於此倡行「中年中產中隱」的從兼濟到獨善途徑，用以在後現代資本主義社會通過立命得以安身。

三、了生脫死

　　人生教由死觀生發現向死而生的奧義，乃通過了生脫死回頭安身立命，終於落實輕死重生之眞諦。死不足畏，不死才可怕，該死卻死不掉更恐怖。身爲凡夫俗子，面對人生有限的事實，但求好死善終；若事與

願違，則安寧療護及安樂死都應該列爲壽終選項。至於意外喪生，則不妨嘗試轉念，化悲傷之痛爲空靈之美，將有限生命轉化爲美感敘事。美國醫師作家努蘭在其名著《死亡的臉》之中指出，幾乎沒有一種人生終點是好受的，多少還是要受苦；而哲學家尼采則表示，受苦的人沒有悲觀的權利。既然如此，了生脫死的努力實乃不得不爲，如何經由轉念化煩惱爲菩提才是正道。陶淵明的大智大慧「應盡便須盡」，適足以爲人解惑。

我之所以有意將人生大智教打造爲一門另類擬似宗教，正是因爲它跟任何宗教系統有一關鍵性共通之處，此即教人如何了生脫死。不同於其他宗教多對生前死後有所許諾，人生教堅持「人死如燈滅」的現世觀點，藉以彰顯有限人生的無限意義。人生若是綿綿無絕期，則所有的意義和價值都將被稀釋得無影無蹤。正是在於對現世的堅持，人生教可視爲「硬心腸」的信念。美國心理學家詹姆士將宗教信仰的有無，分別列爲軟心腸及硬心腸的表現，人生教在此打破慣例獨樹一幟，之所以在了生脫死的路線上力排他教，正是秉持「西用中體」原則提倡「後現代儒道家」的結果。中土儒道二家皆屬現世主義，用於後現代更是恰到好處。

四、大智慧見

身爲人生教的大智教化主，積累半世紀愛好智慧工夫，終於在入老之際貞定大智慧見，此即人生教回應宇宙與人生諸多問題之精義。我非天縱之聖，僅好讀書卻不求甚解，但心智靈明自有識之日起始終有所嚮往，反身而誠，吾道一以貫之，如今凝聚而成人生教義理與意理，足以兼顧理念與實踐，自度亦度人。吾十有五而志於愛智之道，半世紀心路歷程已撰成回憶錄《六經註》出版；其中附篇載有〈大智教的建構〉一文，現改題修訂列爲本書首章，它順勢成爲其後十一章的嚆矢。這一系列文章係從博涉衆議的發散之中，收斂而得大智慧見；它們並非由我所

創，卻是在六經註我的因緣下爲我所用，寫出來則是推己及人，自度度人。

我所發現的古今中外聖賢才智大智慧見，並非放諸四海皆準，而是有其時空脈絡；它可能劃地自限，更多則爲因時因地制宜。人無逃天地之間，當學會頂天立地；身處臺灣的華人，自外於中土，不同於港澳，更異於星馬，彼此唯一重要聯繫就是中華文化。中華民國作爲歷史上第四回的南渡偏安政治實體，面臨兩岸關係詭譎多變，居弱勢處境只能盡量維持現狀以不變應萬變，其中的大智慧正是堅持「我是中國人」、「兩岸一家親」，其餘皆屬顛倒夢想。政治意理往往爲成見偏見所誤，必須正本清源，推陳出新，轉化提昇爲文化意理和人生意理，藉以在現實生活中安身與了生。將大智慧見凝聚成人生教義，即是妥當的人生意理。

第二節　人生教

一、天然哲

宗教有「立宗設教、度化信衆」的宏旨，人生教將特定的大智大慧融會貫通，打造成一門擬似宗教信仰。不同於其他宗教推展團體活動，人生教希望通過義理認同和意理實踐，成全個體的自我貞定，除偶爾集會研習外，幾乎不涉及團體。簡言之，人生教乃是愛智教、常識教、生活教，只要求信衆發心學習一套安身與了生的大智大慧，並且身體力行。基於西用中體原則，在西潮流行的後現代情境中，以中土學問爲核心價值的人生大智教，大可採用西方知識爲包裝加以呈現，此即「後科學人文自然主義華人應用哲學」，簡稱「天然論義理學」或「天然哲」，它所追隨的乃是老子的「人法地，地法天，天法道，道法自然」

古典傳統。

　　「天然哲」是一套信奉「後科學人文自然主義」的「華人應用哲學」，主義在下面講，現在先說哲學。哲學於西方原爲百學之王，至今諸學最高學位仍稱「哲學博士」可爲明證。然而當十七世紀「科學革命」發生後，各門「分科之學」陸續脫離哲學而獨立，以致後來哲學僅保留住一些形而上的抽象思辨知識，至上世紀中更走入咬文嚼字的邏輯分析途徑，成爲學者專家的語言遊戲。爲正本清源，推陳出新，三、四十年前乃有應用哲學應運而生，不再閉門造車，而是積極從事跨領域、跨學科的批判性對話，可視爲回返愛智初衷的改革創新。而將其載明爲「華人」所用，則是呼應後現代「局部知識」的可能，不再放諸四海皆準。

二、後科學

　　「後科學人文自然主義」係由「後科學主義」、「科學人文主義」與「人文自然主義」三組哲學思想統整而成，而以後者爲核心。人生教義運用西式哲學表述，僅屬方便法門，尤其是以局部知識爲華人所用。作爲「後」學象徵的「後現代主義」，被界定爲「晚近資本主義的文化邏輯」，具有「質疑主流，正視另類；肯定多元，尊重差異」的特質。由於華人社會幾乎完全走在資本主義道路上，包括對岸所標榜的「新時代中國特色社會主義」，因此適用於通過後現代視角予以解讀與解構。西方文化大致可分爲古代、中世、近代、現代等階段，其中現代包含當代。照字義看，「後現代」指現代之後，卻並非當代，而表示一股時代精神。

　　源生於建築及繪畫藝術流派的後現代主義，體現出一份顛覆成規以突破創新的用心。這正反映出所有「後」學的眞諦；與其說它代表時間序列，不如說站在空間之上俯視，因此後現代具有既「歷時」又「共時」的特性。以此爲本，「後科學」就表現「現代科學出現之後」以及

「後設地考察並批判科學」雙重旨趣。就時序而論，衍生出科學的哲學思想，具有「科學前」、「科學中」、「科學後」三個時期；其中「科學後」的哲學已深受科學技術發展衝擊與影響，必須對之正視與重視，從而形成今日「後科學」批判的視角與立場。相對於「科學中」時期的科學主義哲學迷思，「科學後」時期的後現代哲學無疑趨於多元。

三、人文主義

後現代主義經過上個世紀的發展擴散，已經滲透到各種知識與價值系統之中，甚至包括科學和宗教；它絕不只是一套哲學思想，而是全方位覆蓋的劃時代思潮。此一伴隨資本主義而興的人生意理，原本十足西方色彩；但是當全球人類幾乎都在過著西式生活，為改善華人社會，而在西用中體原則下加以援引，遂有其正當性。後現代思潮鼓勵世人在多元精神下「無所不為」，這對長期受到儒家保守主流思想影響下的華人言行，足以起到大解放作用，從而向道家開放另類思想靠攏；例如擺脫慎終追遠繁文縟節，走向反璞歸真自然喪葬。儒家和道家思想被深具西學背景的胡適，分別貼上人文主義及自然主義標籤，需要正本清源。

人文主義興起於近代西方，當時西方文化剛通過文藝復興的洗禮，以復古之姿擺脫無所不在的基督宗教影響。復古是指回到古希臘以人為本的思考模式，而非中世紀以神為本的知行氛圍。事實上，針對不同的脈絡背景，「人文主義」一辭亦可譯為「人本主義」，以示站在宗教信仰的對立面；二十世紀前後三份〈人文主義者宣言〉，一致揭櫫無神立場。但是用人文主義指向中土儒家，完全無涉於宗教背景，而是取其「人文化成」之意，以示儒家通過禮樂教化用以匡正人心。由於儒家思想深植於華人社會倫理之中，已成無法擺脫的「必要之偽」，人生教乃對之關注。「偽」指「人為」造作，這正是儒家教誨的特徵。

四、自然主義

　　不同於儒家處處講究人為造作，道家則盡可能擺脫前者所設計的框架而回返自然。平心而論，人類文明之所以能夠樹立並不斷發展，多少是基於各民族文化系統推陳出新所致，否則仍舊停留在茹毛飲血的地步。以中土漢民族文化而論，儒家思想乃是進入安土重遷農業父系社會後的產物，於是乃有「君臣父子」之類道德規範的形成。倫常規範固然是人之所以為人的重要條件，然而一旦矯枉過正，就會出現魯迅所言「禮教吃人」的弊端，亟待撥亂反正。其實扭轉乾坤的力量不假外求，伴隨儒家長期存在的道家思想，正是最佳諍友而非損友。道家發現人無逃於天地之間，便拈出「人法地，地法天，天法道，道法自然」的大智慧。

　　道家回歸自然的傾向只是嚮往順乎自然的適性意境，同樣完全無涉於宗教信仰；雖然後來道教嫁接了許多道家義理，但其本質卻類似陰陽家。如今以自然主義來描繪道家境界，同樣必須通過西用中體原則的轉化以免誤判。一般而言，西方「自然主義」主要針對「超自然」而發，且大多指向基督宗教的造物主。上主至大無外，具有大能大德，所有自然與人文事物皆由其所生，無疑超越自然。尤有甚者，西方人眼中的自然只有大化流行的如實義，並無順乎自然的本真義。人生教信仰「後科學人文自然主義」，其中的人文與自然部分，主要指向儒道二家的融會貫通，不必然要反對非人文超自然的宗教信仰，頂多存而不論而已。

第三節　新生命教育

一、自我貞定

　　人生大智教通過建構新生命教育學以推廣新生命教育，其靈感來自創始於臺灣並拓展至廣大華人社會的生命教育。生命教育主要為制式化的學校教育，新生命教育更多是自發性的社會教化；教化較教育更為多元，也更具彈性，新生命教育乃是生命教育的民間版、成人版、擴充版與升級版。不同於生命教育的對象是未成年學生，新生命教育係針對大學生以上的成年人而發，其於人生教所關注的安身與了生問題相對較為有感，也更有可能自我貞定。貞定體現出意志集中、力量也集中的知行合一境界，這是人生教首先要開示的「知己」工夫；知道自己是那塊料，再進一步考量如何琢磨這塊料，有限人生方得以事半功倍。

　　「知己」就是蘇格拉底所指的「瞭解你自己」，它從「自覺」走向「自抉」達於「自決」，以避免陷入「自絕」以至「自掘」，古人講的「獨善」便屬於此。新生命教育一開始就要指引人們走向自我貞定，通過擇善固執，成就獨善其身，此「善」正是人生教所要宣揚的大智大慧。人生在世要能夠日益精進、更上層樓、止於至善，至善代表好的意念與行動；不同於儒家的善行必須通過社會倫理和人群道德來落實，道家的上善基本歸於個人修持，無向外馳求之誤。新生命教育當然不會忽略人乃社會動物此一事實，之所以強調自我貞定的重要，正是因為看見歷史上有太多人妄想兼善天下，卻搞得天下大亂，倒不如小國寡民來得務實。

二、社會參與

　　新生命教育或大智教化既是自我教化也屬社會教化，教人以自我貞定之後如何從事社會參與，其原則為「盡力而為，適可而止」，類似孔子所言「盡人事，聽天命」，但將後者轉化為「順自然」。漢字「社」指神廟，「會」表聚會，人群在神廟前聚集祭拜，就構成初民的社會行為。研究社會現象的社會學，於十九世紀初由法國哲學家孔德所創，世紀末傳至中國首先被譯為「群學」，似乎更合乎其旨趣。一盤散沙的個體並不足以構成群體，必須具有一定的凝聚因素，信仰正是其中頗為有力者。人類的信仰不一定為宗教，原始拜物信仰及民間功利信仰皆屬之；人生教所揭櫫的安身與了生之義理及意理，同樣足以構成信仰對象。

　　人生在世必然涉及社會參與，從三齡來看，第一齡生存競爭至第二齡生涯發展，多少要實踐儒家式的加法入世；而從第二齡向第三齡生趣閒賞過渡，就應該自覺地體現道家式的減法避世。人生教並不鼓勵佛家式的寂滅出世，因為無處可出。西方的社會觀解有背景和結構兩派，前者視其為個人活動的背景，反映出崇尚自由的精神；後者則視之為網絡框架，一切行止從而受其限制和決定。依此觀之，道家與儒家的理想可分別歸於此二派，但終究難以一刀切。華人現實生活中的社會參與，只能採取「儒道融通」的方式來安頓，且不脫安身與了生兩大方面。人生教提示「由死觀生、向死而生、輕死重生」三重智慧，以利入世至避世。

三、生命教育

　　「新生命教育」或「大智教化」之說緣起有二，一是希望將學校裏的「生命教育」加以擴充與升級，另一則希望效法「廣大教化主」白居

易的作品平易近人。就生命的開展而言，需要大智慧觀照而非小聰明虛應；而相對於教育的體制與規準，教化顯得既多樣且多元。生命教育是上世紀末創始於臺灣的教育政策，具有取代傳統德育的目的；因其立意正向且具包容性，不久便擴散至廣大華人世界，更被對岸寫入教育改革綱領中。不過臺港澳雖與大陸內地共享「生命教育」之名，其本質卻呈現出至少一處極大差異，那便是前三者皆有宗教團體大力護持，於中土卻絕對不碰宗教，而積極提倡心理健康教育和思想政治教育，後者即大德育。

我國生命教育在走過二十二年之後，終於2019年納入十二年國教綜合活動領域中，在未成年人的學校教育中全面推動；具體作法是高中階段必修一學分，同時主要以體驗活動向下紮根，直至幼兒園。革新後的生命教育已由德育拓展至群育及美育，對「五育並重」的人格養成大有助益。新生命教育樂見生命教育在中學以下落實生根，開花結果，更期待在大專以上成人教育及終身學習的場域鴻圖大展，並與前者相輔相成。作爲生命教育民間版與成人版的新生命教育，主要針對成年人安身立命與了生脫死的「生物—心理—社會—倫理—靈性—體五面向」需求而發，在大專通識課程內，可以講授融合生命學與死亡學的生死學。

四、相輔相成

生命教育擴充升級爲新生命教育，二者相輔相成，相得益彰；升級係指理念深化及對象年齡層提高，以利在有教無類理想下因材施教。由於成年人返校學習的意願不高，頂多藉社教管道接觸新知，但所學有限；反倒是不少人樂於加入宗教團體追求靈性成長，此一影響給予新生命教育相當啓發，遂有意打造一門另類的人生教以傳播教義。以華人應用哲學爲本的新生命教育宣揚途徑，可效法西方的心理與哲學諮商；事實上，世俗化的心理諮商，正源自教會神職人員對信眾的傳道解惑開示。無獨有偶的是，大陸的學校生命教育，除了納入思想政治教育課題

外，另外一項重要任務，正是輔導年輕人的心理健康教育。

　　我們的生命教育因為一開始就有意取代傳統德育，加上後來長期由哲學學者主導課程規劃與設計，其內涵遂有很豐富的哲學成分，尤其是應用哲學。像問世了十餘年的既有課綱進階七科，列有「性愛與婚姻倫理」、「生命與科技倫理」，皆屬應用倫理重要課題；此外，「哲學與人生」、「宗教與人生」、「生死關懷」三科，同樣足以納入。放大來看，學校生命教育的終點正是新生命教育的起點，後者通過大專通識課的過渡，為步入社會開啟生涯發展的年輕人，提供人生第二齡及第三齡的心理建設和精神武裝，用以安身立命及了生脫死。安身立命不可避免會碰到現實政治，民主社會的思想政治教育同樣有其必要

第四節　新生命教育學

一、教化學

　　平心而論，新生命教育可視為一套介於學校教育和宗教教誨之間的社會與自我教化，宗教在此具有後現代反諷性質，強調另類多元，而非定於一尊。新生命教育的核心價值即是「天然哲」人生大智教，至於宣教方法可參考生命教育，發展出新生命教育學作為教化實踐的理念支撐。就像教育的基礎在於教育學，一般包括教育史、教育哲學、教育心理學、教育社會學、課程論以及教學論；教化學亦可作如是觀。由於新生命教育學主要指教化哲學，此處可就其他方面進行討論；其中歷史、心理、社會探究歸理念面，課程與教學則屬實踐面。由於新生命教育尚未普及，僅能就其根源處的生命教育歷史發展稍作反思，並述其未盡之處。

　　生命教育是華人社會特有的教育政策，最早始於臺灣，港澳繼之，

大陸後隨，彼此各有千秋，學界對不同地區的發展多所記錄甚至比較，可視為相關史料。而由於生命教育在各地皆與學生輔導息息相關，因此其心理面向必須要跟作為應用心理學分支的輔導諮商對話，且不可避免地會涉及本土文化及在地實踐的問題。此等問題在社會面向更為明顯，因為教育社會學直接關注教育現場之種種，面對鮮活生命議題，肯定無法一概而論。至於專屬教育議題的課程與教學，生命教育在校內實施當有所依歸，而新生命教育大多在校外普及推廣，且主要歸於自我教化與貞定，就只能在把握住大原則大方向下隨緣流轉了。

二、教化哲學

　　無論生命教育或新生命教育，要標幟出一定的特色，那便是二者都深具哲學色彩；但並非學院式的專門知識，而是生活化的應用學問，畢竟它們的初衷乃是道德教育。長久以來我們講「德智體群美」，對岸提「德智體美勞」，理想上都是「五育並重」，且以德育為首，但現實中無不以智育當道，科技掛帥。以科學技術知識為重心的學校教育舉世皆然，但是如今既然提倡終身學習，離開學校後的自我教化大可海闊天空，不必劃地自限。「教化」作為一套後現代概念來自美國哲學家羅蒂，他以新實用主義者之姿，幾乎解消了整個既有西方哲學，只保留一些人文性的教化功能，其中也包括制式教育在內。

　　新生命教育以成人為對象，除用於大學生及研究生外，少採行學校教育，而以類似宗教教誨的社會教化功能，推廣對於安身與了生大智大慧的自我教化，落實義理與意理知行合一的雙重貞定。新生命教育的哲學面向具有兩層意義，即哲學教化與教化哲學；前者傳播人生哲理，後者貞定教化宗旨。成人階段涵蓋生涯第二齡及生趣第三齡，大抵為正式就業迄於死亡。新生命教育主張由死觀生的逆向思考，因此不同於一般生涯規劃的順向途徑；順向前行面臨成住壞空不免幻滅，唯有逆向領略向死而生方能置之死地而後生。此即新生命教育所關注的人生奧義，它

需要廣義的「群德美育」，相形之下，智育僅屬第二義的教育實踐。

三、教化實踐

　　新生命教育傳播作爲人生教義的大智大慧，新生命教育學則後設地考察教化理念的周全性與實踐的可行性。人生教是哲學教、常識教，更是生活教；實用主義者杜威曾指出「哲學即生活」、「教育即生活」，新生命教育於華人社會中推廣實踐，其理念支撐即是華人應用哲學，而其教化實踐則需要扣緊中華本土文化而發。華人以漢族爲大宗，對各少數民族兼容並蓄；由漢族生活方式所凝聚的中華文化，於後現代跟西方文化融會貫通，已然構成廣大華人的日常生活樣態。不過同中依然有異，尤其是生活在臺灣兩千三百萬華人的處境，更屬一種異數；但總體而言，中華民國的現況，仍可歸於歷史上的偏安政體，且已維繫了七十載。

　　一如哲學課題不外「宇宙與人生」二端，人生教乃對焦於「安身與了生」二事。新生命教育學對此二事，分別針對理念與實踐建構起「義理與意理」，其中實踐意理要求人們知行合一。以國人安身立命的人生實踐而論，政治立場完全無法繞過，首先必須自我貞定。雖然民主社會的運作主要看選票，但勿忘當年希特勒也是靠選舉上臺；在民粹泛濫下選出來的政府，背離了爲大多數人創造最大利益的實效路線，則必須通過社會教化的力量予以撥亂反正。不同政黨的多樣聲音，固然有其針貶效果；像人生教的另類多元教化，同樣足以產生移風易俗的作用。在大智慧觀照下的現實人生，以中隱之道樂享中確幸及老確幸實爲正途。

四、靈性開顯

　　新生命教育學提出「生物─心理─社會─倫理─靈性一體五面向人學模式」，用以從多方視角觀照整全的人。人學在西方相對於神學，在

中土則以人文融會天文，於天人合一之中反璞歸眞。靈性即是精神性，此與心理層面的情感意志有所不同；心理形成經驗感受，靈性則體現存在境界。西方人談靈性多與宗教信仰相通，本著西用中體原則，新生命教育標榜靈性同樣可指宗教信仰，亦即以「天然哲」爲人生信念的人生教。宗教信仰重在靈性開顯，德沃金在其《無神論宗教》指出，信仰對象不必定於一尊，對宇宙與人生所產生的美感體驗和深刻擁抱，同樣足以構成靈性開顯，「天然哲」信仰從而據此得以證成。

以我自己爲例反思體證，我自認從小就有一定的宗教感，對信仰對象有所仰慕，但非敬畏。兒時因爲環境使然，開始上教堂接觸基督教，中學自發地參與學校團契，跟教友「團體契合」一番，直到進了天主教大學才改弦更張。在輔大哲學系共花十年從學士、碩士讀到博士，靈性生活有了新的著落，甚至曾撰寫《聖經》研究的論文，但終究沒有皈依教團。生涯發展進入中年，有機會爲佛教大學規劃哲學系、宗教所，以及生死所，後來當上生死所長，因緣俱足下選擇皈依受戒，卻在另謀他樓後將海青縵衣委之於地。一度皈依是爲替戰時曾經出家的父親還願，一旦物換星移，則化爲夢幻泡影。此即我的靈性開顯歷程，堪稱另類。

第五節　回歸常識

一、擺脫小聰明

人生大智教所宣揚的內容，乃是古今中外聖賢才智就安身與了生二端所提出的大智慧見；人生智慧的根源在常識，通過知識的洗鍊，最終達於智慧的純度。常識、知識、智慧的辨證，在禪宗「見山是山」的公案中，得著鮮活生動的譬喻；其中一句「如今親見知識，有箇入處」，更是終身學習的方便法門。新生命教育重要的教訓之一，正是踏出校門

後莫要自以爲是，更應力行終身學習的自我教化。如今至少在國內幾乎人人有機會上大學，更容易被貼上「高等知識分子」的封號，當局者迷，很容易在待人處事方面面，陷入搬弄小聰明的自以爲是，亟待通過心智活動的辨證發展去蕪存菁，推陳出新，漸入佳境。

　　所謂小聰明，即指昧於事態的成見、偏見及謬見，它往往披著常識的外衣，卻人云亦云隨波逐流，其實自己完全缺乏定見。舉例來說，不好好守著偏安家業卻妄想另行獨立建國，就跟百姓安居樂業的理想背道而馳；而死抱著傳統繁文縟節卻不懂得與時俱進，實無視於環保自然葬的大勢所趨。這些現象在社會上似是而非，積非成是，且往往具有傳染性，必須大破而後大立。新生命教育以死觀生，先就「了生」方面秉持「人死如燈滅」、「應盡便須盡」的現世主義，再回頭就「安身」方面提倡「無力使智」、「中隱之道」的道家姿態；這些都需要化大智慧爲活常識，而非一廂情願戲耍小聰明自欺欺人。

二、親近善知識

　　表現小聰明有時的確反映無知，但更多狀況下是見人說鬼話、睜眼說瞎話，騙選票貪官位的政客、邪門外道的「師父」，以及嘩眾取寵的奸商尤其如此；此即昆德拉筆下的「媚俗」，說穿了根本不值一顧。退一步看，在多元發聲的後現代社會裏，多樣價值此起彼落、良莠不齊的情形必然會發生，如何抓大放小、去蕪存菁，就不妨從前人的經驗中汲取教訓，方式之一是懂得親近善知識。禪宗講「親見知識」係指在師父指引下，通過漸修工夫得著頓悟效果；而常聽聞的「善知識」，同樣表示有大見識而值得人們學習的才德之士。新生命教育對此的建議是主動「尚友古人」，從汲取古聖先賢的大智大慧中樹立生活標竿。

　　人生無不活在當下，此際往者已矣，來者可追，大可一展鴻圖；但生活往往目迷五色或陷溺塵務，從而缺乏遠見或眼高手低，這正是生命教育及新生命教育所背負的改過遷善重責大任。新生命教育去繁從簡，

發現人生主題不外安身與了生二端，而這些都有無數前人經驗足以參照效法，據此少走許多冤枉路。對於安身與了生大哉問，儒道融通的「善知識」乃是最佳借鑑；新生命教育或大智教化推薦陶淵明、白居易、蘇東坡三人為代表，向前向後可納入莊子、竹林七賢、唐伯虎、公安三袁、林語堂等聖賢才智之士，今人則包括「生死學之父」傅偉勳。他們都屬於能夠讓我們深受啟迪的善知識，通過閱讀親近古今，必能受益匪淺。

三、擁抱大智慧

親近善知識的目的是擁抱大智慧，古今中外聖賢才智的大智大慧能夠流傳至今，無疑是受到歷史篩選洗鍊下的結晶，身處後世受此薰習可謂有幸。當然史上有智之士不乏其人，人生教僅以西用中體、由死觀生等原則揀選之，於是儒家少言死及仗義死，便不如道家正視生及保全生來得務實；像明初方孝孺死後誅十族甚至波及其師徒，在今日看來便屬不智。至於十九世紀德國人叔本華於悲觀中不忘享樂，被後人譏諷知行不一，而同時代恩格斯則以大資本家之姿坐擁姊妹姪三房卻積極創立共產黨，只能說不必以人廢言。在新世紀後現代華人社會觀照古今中外大智大慧，「六經註我」為己所用可謂恰當，畢竟安身與了生實為大事。

人生教或大智教提醒，我們都是凡夫俗子，皆非天縱之聖，大可不必成天想著兼善天下，因為可能導致天下大亂，不做媚俗之事即可。今日國內現況就是一個相對於大陸的小國寡民偏安局面，唯一比對岸強的只有言論、宗教及結社自由，人生教、大智教遂得以藉此宣揚教義，自度度人安身與了生之道。一般宗教包括五大條件：教主、教義、經典、儀式、皈依，人生教除教義外，對其餘四項都不重視，宣稱本身為宗教純屬反諷；就是以其他宗教系統的封閉保守，反襯本身的開放另類，這或許是人生教唯一媚俗之處。畢竟宗教活動與現象在社會上容易受人矚目，相形之下，哲學著實顯得寂寞孤單許多，但智慧含量卻絕對不少。

四、體證活常識

今天擁抱大智慧並非為了成聖成賢，而只是希望安居樂業，具體情況就是順利成為中產階級。馬克思和恩格斯在十九世紀中葉看見階級對立下的社會不公，乃起草〈共產黨宣言〉以鼓吹革命，當年兩人分別為三十及二十八歲的基進青年。其後百年間革命確實發生了，但並非在資本集中的西歐及美國，而是在落後的農業大國俄國及中國；中華民國得以南渡偏安於海島臺灣，正是此一革命的餘緒。如今島上有一群打著所謂轉型正義旗號的博士教授及醫師專家們，藉著民粹贏得選舉，卻內鬥內行、外鬥外行，根本無法跟大陸和平共處，反而搞得危機四伏，一看就知屬於缺乏常識的作為，更不用提善用大智大慧以自度度人了。

什麼是活常識？活常識就是在你我身邊唾手可得親身體證的生活智慧；常識並非像小聰明般信口開河，而是在智慧領略下脫穎而出。背離常識的見解隨處可見，獨立建國如此，貪生怕死亦然。政治問題目前只能透過選票解決，人生教在此不擬多談；倒是死生大事有待商榷之處不少，安樂死便是一例。其實當下安樂死也可以訴諸公民投票以促進立法，作為積極治療與安寧療護的第三選項。問題在於光是這一點活常識，病患與家屬卻多半完全不曾聞問，或是基本不能理解，亟待通過新生命教育以普及推廣。平心而論，人生教對了生的關心程度較安身要來得強，這一來是由死觀生的必然結果，也是對是非成敗轉頭空的澈悟。

結　語

人生教在現今首先對焦於國人處境，教人以追求「中年中產中隱」的「平實平淡平凡」生活；這並非誤導人們「積極不作為」的混世，而是希望領略「不積極作為」的空靈。人生教的核心價值可追溯至道家楊朱的「全生葆真」，而道家避世人生觀在中華歷史長河中，正是儒家入

世卻不易得志的清涼劑；理由無他，「陽儒陰法」下的倫理道德理想，又那裏抵得過爾虞我詐的現實呢？還不如抽身中隱，自求多福、自得其樂來得務實。人生教教人以活在世俗中要懂得超凡脫俗，而非庸碌媚俗。民主機制就是世俗政治，已被公認爲當今「必要之惡」，眼前要盡量避免的乃是向下沉淪至民粹泛濫，光是這點連美國也難以擺脫矣。

第八章

社會實踐

新生命教育
—— 華人應用哲學取向

摘　要

　　本章作為新生命教育的人生意理論述之二，為確認將大智教、人生教以反諷之姿打造成擬似宗教信仰的基本性質，乃於一、二節之內次第檢視宗教與信仰兩層問題，以彰顯作為後現代宗教以宣揚人生信念的宗旨。至三節試為人生大智教定位，提示其義理哲學教及意理生活教的雙重屬性，用以塑造秉持後現代儒道家思想的知識分子生活家。一旦對象確立，四節乃進一步呈現人生教於安身立命與了生脫死兩大基本教義的內容，而其核心價值則接近道家全生葆真的不積極作為。末節觸及宣教策略，將組織管理的策略規劃，轉化用於生也有涯的自我管理，為信眾在安身與了生兩方面提供可持續發展的建言，並鼓勵其躬行實踐。

引　言

　　我涉足哲學超過半個世紀，以此為業長達三十六載，如今步入老後，反身而誠，決定將我的人生觀解系統打造成新生命教育，用以自度度人。人生教和人生觀分別體現我的靈性開顯外爍與內斂工夫，晚近撰成文字，形諸書冊，不啻在實現立言的理想。我手寫我心，人生大智教作為大智人生觀的呈現，並非一廂情願，而是苦口婆心。既以擬似宗教形態面世，雖然信不信由人，但宣教終究必須提供信眾一套知行合一的方便法門。作為落實社會實踐的工夫，我嘗試對人生教的宣揚進行策略規劃。身為教化主及代言人，我以自身體察作出見證，並非教人曹隨，而是希望大家通過內外轉化，找到個人方向，走出自己的道路。

 第一節 宗教問題

一、社會面向

　　人生教既是哲學教也是生活教，作爲人生哲學學說，其標籤爲「後科學人文自然主義華人應用哲學」，簡稱「天然論義理學」或「天然哲」；將之打造成擬似宗教信仰，是爲了自度度人安身立命及了生脫死，而非僅只於紙上談兵。一般宗教多提供生前死後來去之處的資訊，人生教對此絕口不提更敬而遠之，全心關注活在當下的現世安頓。此一對焦於現世的人生教化，理當成爲不信宗教者的另類選項。宗教具有「立宗設教，度化信衆」的用意，需要的是情意面的感動，而非如哲學般講究理性批判。宗教作爲人類文明的重要內容其來已久，但被視爲社會現象而進行學術研究，則是十九世紀的事情，從而創生「宗教學」。

　　宗教學大約有一百五、六十年的歷史，從一開始到如今都被列爲社會科學中游學科；此即指該等學科需要運用其他基本學科爲基礎，且具有理念與實踐雙重性質，與之類似的學科如教育學、管理學等。宗教學將宗教當作人類文化活動加以探索，任何文化系統均可分爲「器物、制度、觀念」三個層次，這便使得身爲社會科學一支的宗教學，同時擁有人文學的面貌與內容。宗教學由德國人類學家穆勒所創，人類學於二十世紀中葉結合社會學及心理學共同構成行爲科學，宗教學的社會科學面向即以此三科爲核心。其中宗教心理學針對個體，宗教社會學指向文明社會的群體，而宗教人類學則對焦於初民和少民的文化活動。

二、人文面向

　　一如教育學包括對教育歷史、哲學、心理、社會的多元關注，宗教學也有類似取向。宗教學的人文面向除了探究宗教史與宗教哲學外，更涉及宗教文學及藝術課題，而這一切都跟教義息息相關。不過宗教學畢竟只屬於教外考察，而非教內布道，此一學術分際必須盡量拿捏，以免失焦。其實往深一層看，「宗教」終究僅算是共相概念，世間原本沒有單一的「宗教」，有的乃是這門或那門教派；普世宗教固然流傳久遠，地方及新興教派也有揮灑空間。人文學之所以不歸屬於科學，而與科學並列，正是因爲它不一定能夠放諸四海皆準，像哲學就地緣論，至少有中國、西洋、印度之分，各有千秋，可以比較和對話，但不宜混同。

　　如果說宗教學的社會科學面向希望「異中求同」，則其人文學面向多少是「同中存異」；像西方所歸納的宗教五大要件：教主、教義、經典、儀式、皈依，就不盡然完全適用於中土。其中爭議最大的，就是儒教到底是否爲宗教信仰？說它不是，但各地都有孔廟又當何解？說它是，則人人謹守禮法卻又不曾皈依。像這種獨特的文化現象，並不只發生在中國，還曾經擴散至東亞各邦，日本、韓國、越南、新加坡等地，皆受其影響，只能說「人文化成」無遠弗屆。何況歷來始終有人嘗試將儒家打造成儒教，雖然未見普及，卻也不曾消失。此予人生教相當啓示，遂有意凝聚一套「後現代儒道家」的教義。

三、宗教本土化

　　一般而言，宗教乃是民族文化的產物，大多具有地域性，像道教之於中土、神道教之於日本等；但當前所見的普世宗教則不在此限，其中尤以涵蓋世界三分之一人口的廣義基督宗教爲最大宗，伊斯蘭教則居其次。像基督宗教至少包括天主教、東正教、基督教、英國國教等，從

最初的羅馬公教不斷向外分化，終至普及全球。普世宗教涉及宗教本土化以及信仰在地化的問題，跟華人關係密切的即屬佛教。本土與在地並非處於同一層面；本土關係到民族文化，在地則歸同一文化下的局部地區。例如佛教中國化以後，跟中土文化裏的儒道思想與信仰相互融滲，傳至臺灣更演成閩南及客家族群的民俗信仰。

正是宗教本土化的可能，為大智教或人生教的創立提供了初始的啟示；其原旨受惠於佛教空義，但擺脫掉輪迴轉世的預設，代之以現世主義的空中妙有。人生教的核心價值乃是道家的自然而然與順其自然，但是人類既為社會動物，不可能遺世獨立，於華人社會就必須接納與承受儒家的「必要之僞」。「僞」指「人為」造作，接近荀子提倡以禮樂教化匡正人心的用意，卻終究不敵人性私欲而走向「陽儒陰法」的途徑，從此「禮教吃人」的弊端便層出不窮了。人生教有鑑於此，乃貞定道家大智為核心，儒家倫常居外圍，如此遂行「儒陽道陰、儒顯道隱、儒表道裏」的儒道融通生命情調，多少足以撥雲見日，撥亂反正，反璞歸真。

四、後現代宗教

人生教以「天然哲」為教義，培養「後現代儒道家」的人格典型，落實而為「知識分子生活家」。這雖然是一種人生哲學的義理舖陳，但光談思想並不足以令人信服，更難以知行合一，因此在宣傳上必須呈現為一套擬似宗教信仰的意理實踐，順著由大智慧化為活常識的指導行事，久之自然得心應手，水到渠成。人生教或大智教作為一門後現代擬宗教，具有反諷及顛覆傳統宗教的特質，其第一步便是擇善固執堅持「人死如燈滅」的現世主義，以相對於所有宗教系統都嘗試為生前死後提供許諾的迷思。現世主義正是古典儒道二家對於世間生活所領略的大智大慧，一旦確信便得以置之死地而後生，從而彰顯個人存在的真諦。

個體存在並非幻象或奢望，而是民主社會的基本訴求；其實放眼看

去，民主自由、社會正義、科學技術、存在抉擇等等西方思想產物，哪一種不是無關於神聖的世俗信仰？人生教反身而誠，爲華人費心，替民國把脈，提出一套漸趨完整的後現代擬宗教論述與實踐，希望有助於在此一海島上生存與生活的百姓可持續發展。人生教作爲後現代擬宗教，主張「質疑主流，正視另類；肯定多元，尊重差異」的後現代路線，在政治上放棄儒家式「正名」妄念，擁抱道家式「全生」選擇；在生活上淡化儒家式「有爲」嚮往，強化道家式「無爲」自適。面對對岸日益壯大，我們唯有「無力使智」，通過逆向思考與作爲，方能苟全性命於濁世。

第二節　信仰問題

一、原始信仰

孫中山嘗言，「主義是一種思想、一種信仰和一種力量」，他乃提出三民主義並組織國民黨爲建國治國之道；結果其所創立的中華民國，至今仍存在於臺澎金馬的領土之上，成爲我們安身立命之所繫。在他起義革命的一甲子之前，兩名德國年輕人馬克思與恩格斯，大力提倡科學社會主義並組織共產黨；結果到如今對岸的中華人民共和國以黨領政，並實施「新時代中國特色社會主義」。這些都是從主義思想發展到政治信仰再形成革命力量的例證，卻實實在在地牽引著兩岸人民的步伐與命運，由此可見信仰的力量不可小覷。見賢思齊，但必須有自知之明；前人有機會革命係時代背景使然，眼前只能談改革創新，革命之途遠矣。

人類文明的發展跟信仰脫不了關係，而各路信仰也大多緣起於不同民族的生存樣態；不同民族爲存亡絕續走出不同的信仰途徑，像猶太人爲擺脫埃及統治所倚仗的堅實信仰蔚爲宗教，而漢民族以農立國、安土

重遷後，則形成一套儒家思想及信仰。宗教信仰源於對原始信仰的改造與深化，像佛教從原初的南亞向東亞轉進，現今反而僅存在於東亞和東南亞，倒是印度原始的輪迴轉世觀始終被保留。原始信仰有些轉生出更有組織的制度化宗教，有些則仍停留在初民拜物或泛神型態中；後者至今更多以民俗信仰的方式繼續存在，且不乏旺盛生命力。像臺灣草根式信仰就頗有可觀之處，官方則將之一併歸爲道教系統。

二、宗教信仰

宗教與信仰並非同一回事，簡單地說，宗教爲團體活動，信仰屬個人選擇；一個人可以選擇信這門或那門教，也可以選擇不信教；信教容許改宗，但同時信仰一種以上宗教則不可思議。就字面上看，「宗教」指立宗設教，度化信衆；「信仰」則仰之彌高，高高在上，舉頭三尺有神明；至於「信念」或可表示念茲在茲、念念不忘的人生觀解。現今流行的宗教不在少數，有源遠流長的傳統教團，也有個人靈動的新興流派。依宗教五大條件看，「教主、教義、經典、儀式、皈依」理當齊備，但如今已很難確認猶太教和印度教爲何人所創；而華人心目中的儒教、道教，或日本人信奉的神道教，也不見得需要皈依的過程。

「皈依」係指通過儀式加入教團，成爲登錄在冊的信徒，像基督宗教或佛教都有類似的記錄，教內教外清楚分判。宗教既爲團體活動，又有專事其職與信奉徒衆之分；前者如神職人員或僧侶屬之，後者則歸善男信女。理想上宗教勸人爲善、有容乃大、大公無私；但實際上一旦落入組織團體的運作，就可能出現良莠不齊、假公濟私，甚至騙財騙色、宰制信衆身心的弊端。尤有甚者，任何宗教系統都具有排他性；教內矛盾不說，教外衝突演成戰爭更不乏先例，難怪蔡元培要提倡「以美育代宗教論」。人生教就此深受啓迪，乃發心不走團體道路，僅類似民俗信仰隨緣喜捨，進行內心的潛移默化。

三、民俗信仰

廣義的華人占全球人口五分之一，其中作爲主體的漢民族及漢化者約有十二億人，其最大特色正是胡適、馮友蘭、梁漱溟等人所標榜「沒有宗教的民族」。漢人沒有明確的宗教傾向，但並非缺乏信仰；不但許多人相信舉頭三尺有神明，各地寺院廟宇林立且香火鼎盛。這些現象嚴格說來不算宗教信仰，僅屬民俗信仰；畢竟此等信仰道佛雜糅，信衆神佛不分，尤其幾乎未見皈依過程，心誠則靈即是判準。這類信仰頗具在地性及生命力，往往較有組織的宗教信仰更受歡迎；像臺灣拜關公、媽祖，香港奉黃大仙，甚至馬祖及澳門的名稱皆來自媽祖，而祂的神性更遠布北方大港天津衛，以其爲海神之故。

民俗信仰並非雜亂無章，而是有著一定思想信念爲支撐，大多摻雜佛道信仰及民間傳說，宗旨不外勸人爲善，甚至充滿儒家和佛教的道德教誨，國內坊間流行的善書籤詩可爲代表。人生教雖然對怪力亂神不以爲然，但是卻相當欣賞民俗信仰的隨緣參與，而不必受到類似教團的約束甚至宰制。教團最大的問題正是教主及教義的神聖性，並不足保證教士的聖潔，像此起彼落的天主教神父性侵兒童案件便令人吃驚，甚至拍成金獎名片「驚爆焦點」以警世。人生教有容乃大，將頗具在地性質的民俗信仰，視之爲一道道具有豐富美感體驗的人文風景線。這也是將蔡元培「以美育代宗教」的倡議，轉化升級爲「以美育爲宗教」的嘗試。

四、人生信念

經過五年醞釀生成，又稱「大智教」的「人生教」終於在去歲正式創立；但這並非必然結果，而毋寧是一段道喜充滿自我貞定心路歷程的體現。花甲之際我於教學現場拈出如今表述爲「新生命教育」的「大智教化」之說，作爲長期任教「生命教育」課程的民間版、成人版、擴

充版與升級版。當時主要針對包括自己的生命教師而發，以有別於學生生命教育。爲建構推廣另類新興教化，我效法心儀的「廣大教化主」白居易，自許卻不自詡爲「大智教化主」，並沒有想當教主的意思。當年擔任教育所碩專班及師資培育教師，推動成人生命教育，就是想讓在職及未來的教師先行自我貞定，確認本身人生信念，再推己及人去教育孩子。

將人生信念的課堂推廣，逐漸上升至面向社會的宗教信仰高度，其實是一種從偶然走向必然的社會角色深化。新生命教育對焦於安身與了生二端，且通過以死觀生的逆向思考，以後者消融前者。安身立命難逃政治擺布，了生脫死卻屬大澈大悟；我對時政雖然不平則鳴，卻在死生之間窺得入世之荒謬，乃走向避世途徑。在國內想改變大局可以組黨，我無心於此；而爲推廣生死智慧卻不妨創教，這便是人生教應運而生的契機。我清楚知道今夕是何夕，卻堅持知其不可爲而爲，雖千萬人吾往矣。我將自己所發現的人生信念大智大慧撰寫成冊，包括本書在內，共得五書近八十萬言，並通過網路傳播於世，希望以文會友，善結有緣人。

第三節　教化定位

一、哲學教：義理

我雖然是純種哲學博士，卻從未自視爲哲學家；但在擔任了大半生哲學從業員之後，勉強自許爲應用哲學工作者，爲自己所創立的人生大智教，做一些奠基的工作。人生教在我的建構下，既是哲學教更屬生活教；倘若哲學即生活、教育即生活，人生教無疑有機會走向社會，進入生活，成爲人們的信仰選項。說人生教是哲學教，乃採取哲學最傳統

也是最廣義的解釋，在西方為愛好智慧的學問，在中國則體現為文史哲不分家，這些古老性質都跟現今學院裏的專門知識大異其趣。過去十餘年間，我逐漸從被學院哲學制約下的「我註六經」，一步步轉向海闊天空、獨抒性靈的「六經註我」，以情意取向的哲理小品寫作為重心便是明證。

人生教的理想位格不是神佛，而係以「後現代儒道家」為內涵的「知識分子生活家」，有為者亦若是。信仰人生教不是追求超自然力量的庇佑，而是學習讓自身的靈性得以開顯。通過「西用中體」原則，要學習的乃是一套安身與了生的華人應用哲學；它屬於愛好智慧的義理之學，可以經由「六經註我」的途徑自學而成，不需要任何哲學訓練，當然具備一些相關常識更好。「義理」之說來自中土，在文史哲不分家的傳統內，將哲學思考納入本土歷史社會文化的縱深裏，並且用平易近人的情意書寫加以舖陳，肯定比哲學論文來得吸引人。我在宣傳人生教之初寫議論文章出書當講義，只為提綱挈領，日後仍考慮以性靈小品呈現。

二、生活教：意理

人生在世不脫於知情意行之中度過生老病死，說穿了這就是你我的日常生活，毫無神秘之處。不過話說回來，既然好也是活、歹也是活，那就不妨花點心思好好地活，活得值回票價，到頭來死得無怨無悔。我從講授生命教育到推廣新生命教育，再進一步創立人生教多方宣揚，目的無非就是將一套安身與了生的方便法門自度度人。人生教即是大智教，從愛好大智大慧的哲學教義理入門，到生活教意理落實，知行合一，天人合一，自我貞定，不假外求。意理乃指意識型態，既可作為政黨的指導綱領，亦能促進宗教的靈性開顯。人生教的思想義理為「天然哲」，生活意理則指向成為信仰「後現代儒道家」的「知識分子生活家」。

　　儒家思想成爲官方道德規範，自從西漢至今已歷兩千餘年，如今華人社會仍到處充滿儒家教誨，且早已內化於人心，例如厚養及孝道等。由於儒家具有安頓社會倫理的積極作用，歷代不乏有意將之打造成儒教者，使之成爲受人尊奉的意識型態。人生教受此啓發，但以光講儒家著實不足，必須採取儒道融通的途徑方爲正道。身處後現代的華人，秉持儒道家思想安頓生活，於群體面得以安身，於個體面得以了生，如此方能面面俱顧、無所偏廢。作爲生活教的人生教，於安身意理主張「中隱之道」，對於政治上的弱勢處境不談儒家式「名正言順」，但求道家式「全生葆眞」；至於了生意理則堅持「應盡便須盡」，善自把握僅此一生。

三、後現代儒道家

　　「中隱之道」是白居易中年後面對紛亂政局所悟出的自保策略，結果成功讓他躲過殺身之禍；但是他之前爲官曾仗義直言，一度惹惱皇帝，想將他逐出翰林院；這種進可攻、退可守的言行舉止，正是儒道融通的好榜樣。「應盡便須盡」則是陶淵明中年後對人生處境的深刻領略，同樣面對政治險況，他選擇退出江湖躬耕自食，死而無憾；而他年輕時懷抱的仍屬儒家「猛志逸四海」，一生不脫儒道融通之途。對社會參與的高度熱情，是每個年輕人在生涯發展之初的一心之所嚮；此際若有機會發揮所長，受到儒家「必要之僞」的框限無可厚非。然而一旦發現大環境不易突破，再加上逐漸步入中年，選擇退一步靠邊站乃大智慧見。

　　儒家入世，道家避世，這是對傳統文化的刻板印象；如今走進後現代實不能一概而論，儒道融通就難以一刀切。尤其當後現代觀點源自資本主義價值判斷，是相當世俗化的現實處境，跟傳統內聖外王的道德訴求大異其趣，今人必須學得與時俱進、改弦更張。後現代儒道家的人格典型中，有一項以不變應萬變的特質，那便是道家反璞歸眞的自然

態度。自然作用於人生最後的結果爲死亡，通過由死觀生發現是非成敗轉頭空，遂大可不必太在意利弊得失。較適性的生活原則乃是「抓大放小、去繁從簡」，盡量將生活簡化與淨化，就可以減少無謂的煩惱、無明及業障。無爲無不爲，爲而不有，後現代儒道家當作如是觀。

四、知識分子生活家

　　行文至此，必須強調的是，信仰人生教絕不是教人悲觀厭世，而是懂得達觀避世，明哲保身，御物而不御於物。這種通曉世事的大智大慧，古今中外哲學家及宗教家已說了許多，人生教只是借題發揮再三提醒而已。信仰人生教足以臻入「知識分子生活家」的意境，擺脫掉積極消極二分的迷思，當行則行，當止則止，無過與不及。身處後現代人人有書讀，但是飽讀詩書並不見得能夠成爲知識分子，反而可能以小聰明譁眾取寵，媚俗混世。眞正的知識分子是能夠將大智慧化爲活常識活學活用的人，同時運用哲學的批判工夫自我貞定。像此時此刻口說維持現狀，卻始終妄想獨立建國，便屬於不通情理的謬見，必須加以批判揚棄。

　　國內政客不分顏色內鬥內行、外鬥外行，面對兩岸困境非但不尋改善對策，反而盡做些不得體的事，陷千百萬人民於不義。眼見此情此景，身爲百姓一員，除了避免爲民粹裹脅外，只能退一步海闊天空，追求心靈的化境，嘗試做一個豁達的生活家。我作此想原本心情沉重，所幸在人生教的光照下得以稍微化解；人死既然如燈滅，在有限生命中，實在犯不著跟成群妄人一般見識。莊子說得好，井蛙不可以語海，夏蟲不可以語冰，曲人不可以語道；如今在此地最不可思議之處，竟是一群井蛙圖謀掩蓋歷史，無視文化傳承，而以修改課本的拙劣技倆「去中國化」，意欲將下一代教育成更是不知何去何從的小蝌蚪，誠屬國人之悲哀也。

第四節　教義內容

一、安身：中華民國

　　是到了該正本清源、推陳出新的時刻，人生教或大智教首先在安身之處呼籲國人正視與重視「中華民國」，說它是攸關你我存亡絕續的神主牌亦無不可。先講兩則小故事，其一為對日抗戰期間曾有兩個民國並存，一在南京，另一在武漢後遷重慶；前者屬汪精衛，後者歸蔣介石，結果日本戰敗，前者遂成偽政府，但如果日本打贏了呢？另一為毛澤東於上世紀六零年代接受法國報紙訪問，曾表示後悔改國號；如果中共果真沿用民國稱謂，則不但聯合國席位提早讓出，統一亦已實現。此外尚有二事，二戰後美國希望蔣介石接收託管琉球為其所拒，美方遲至七零年代始歸還給日本。而菲律賓則以公投追求獨立，並拒絕成為美國一州。

　　提及這些往事，是想提醒國人看清當前政治處境的歷史景深，不宜一廂情願斷章取義。二戰同盟國得勝主要為美國之功，國共內戰民國撤守臺灣，若非受韓戰影響，美國介入保護臺海，恐怕早已亡國，更不用提聯合國席位；而日後大量斷交，正由退出聯合國而起。時光推移，此一分治局面到如今已歷七十載，中華民國遂成為中國歷史內較成功的偏安政權，至少比曾經據有臺灣的南明王朝強得多也長得多。相對於韓戰停火至今尚未終戰，但雙方早已多所攜手合作；兩岸情勢其實可以維繫得更有建樹，只要我們不心存敵意。對岸不是敵人而是親人同胞，此乃民族文化使然，今後理當繼續深化早年研議的「大中華邦聯」架構方是。

二、安身：中隱之道

邦聯制倡議於新世紀伊始，推動者包括連戰、勞思光及龔鵬程；當時我們手中籌碼尚多，如今情勢已大不利，再重提舊事似乎障礙重重，卻仍不妨一試，畢竟已無後路。除非冒著戰爭危險投靠美國做兒皇帝，否則邦聯制就是承認一個中國的最佳暫時方案。新疆、西藏、香港都曾吵著鬧獨立，是因為它們皆在人民共和國領土內；臺灣跟著瞎起鬨則反映缺乏自知之明，因為我們長期偏安，何需獨立？其實說穿了臺獨人士只想跟中華民國鬧獨立，卻不啻甘冒人民共和國大不韙，此一歷史弔詭不可不識。眼前我們只能在偏安狀態下選擇中隱之道，追求「中年中產中隱」中確幸；這不是放棄自決的投降主義，而是選擇務實的效益主義。

國內政客為了騙取選票，不斷用謊言巴結青年世代，結果一旦執政便倒行逆施，斷了年輕人的生路。今日青年便是未來中年，資本社會的理想狀態是中年中產成為社會中堅；倘若中年進不了中產，社會就容易動盪不安，許多先進國家可為明證。民國和人民共和國雖然先後打著社會主義旗號從事革命，如今卻都是如假包換的資本主義國家；既然如此，理當放下成見，攜手合作，互利共榮。尤有甚者，在彼大我小的嚴重落差下，我們根本沒有與之對抗的本錢，只能無力使智，積極與其對話，換取更多偏安時機，以待日後有機會從量變到質變。至於目前，個人與政府都不妨以「不積極作為」而非「積極不作為」的中隱之道避世。

三、了生：人死如燈滅

作為後現代擬似宗教信仰的大智教、人生教，目前在宣揚推廣上採取劃地自限策略規劃，亦即僅在中華民國境內傳教，未來看情況再擴

充至其他華人社會。這一方面是因為教義的安身面向不得不觸及實際
政治，臺灣跟港澳及大陸處境大異其趣，人生教著力所在實有所不同。
不過創教不等於組黨，任何宗教無論如何都有其放諸四海皆準的核心
價值，那便是對於死生大事的關注。人生教在了生面向是內斂教而非外
爍教，是現世教而非來世教；我們主張人死如燈滅、應盡便須盡，再依
此貞定其他的存在抉擇。基於西用中體、由死觀生的原則，人生教將生
死議題置於政治考量之上；政治乃一時一地之事，生死卻是大澈大悟之
美。

　　人們一旦了生脫死，便會發現空靈之美。人死不可怕，不死才可
怕，倘若長生不死，則任何意義價值都會被稀釋得無影無蹤。死亡當
前，活過便成空中妙有，理當感恩惜福積德。「人死如燈滅，好似湯潑
雪；若要還魂轉，海底撈明月。」這首詩藉東漢無神唯物哲學家王充之
口道出的大智慧見，是如此地清澈見底，毫不含糊做作，予後人極大啟
示，更是中土思想中少有的一盞明燈。孔子雖然推說不知死亡為何事，
但是儒家的現世主義仍然提出「三不朽」的可能，希望人活著多做些有
意義、有價值的事情以影響後人，文明與文化正由此而起。各門宗教所
提供的生前死後想像，多少屬於美感體驗，也算是有其意義價值。

四、了生：應盡便須盡

　　美國心理學家威廉詹姆士曾以「軟心腸」與「硬心腸」來概括一個
人有無宗教信仰，照說信教者多少都應該有一顆柔軟的心，但是人生教
卻反其道而行，要求人們要硬起心腸來，對死生大事在時候來到之際，
迅速作一了斷，絕不含糊拖延。這是因為醫藥科技發達後，大量介入人
類的老病死過程，卻又不見得呈現滿意結果，反而經常造成患者求生不
得、求死不能的苟延殘喘悲哀處境，亟待通過人文關懷和義理反思，找
出更有效、更智慧的解套方案。一千六百年前詩人陶淵明寫下了「縱浪
大化中，不喜亦不懼；應盡便須盡，無復獨多慮」的睿智見解，至今猶

能為我們提供極佳的行事綱領，以免讓病人活受罪。

孔子嘗言「盡人事，聽天命」，用現在的話來講，便是「發揮個人潛力，瞭解自身限度」。人身是質能互換的載體，人生則是自我實現的歷程；身心非但不應判成兩橛，更需相輔相成，養生之道遂不可或缺。但是任何生物個體終究要面臨生住異滅、成住壞空的能量耗散過程，死亡遂在所難免。人生教不談往生或永生，而是盡量教人以尋找「死得其時、死得其所」的可能。我們不提供靈藥仙丹，但要求病患、家屬和醫療人員共同作成醫療決策，包括安寧療護與安樂死的可能在內。這些事務的細節需要進一步討論，甚至立法予以保障；像安樂死合法化，就是值得爭取的人權。「人死如燈滅、應盡便須盡」，人生大智教核心教義也。

 ## 第五節　宣揚策略

一、策略規劃

以後現代擬宗教之姿在我心目中脫穎而出的人生教，基本上只算是一門虛擬的信仰對象；它沒有實體組織，未來只可能僅出現零星的團體活動，但從思想發展到信仰再創生出力量，其作用實與各種政黨或教團相當，都希望移風易俗、推陳出新、止於至善。面對此一在我腦海心田中逐漸孵化而生的義理加意理有機組合，非但不能信心動搖，更應虔誠護持。而身處新世紀後現代的中華民國，雖然民粹氾濫令人憂心，但言論自由尚稱到位；加以網路無遠弗屆，其所創造的虛擬力量不容小覷。有鑑於此，剛剛應運而生的人生教，實有必要借助這些社會力量的流動加以推廣普及，而頭一步要做的事情，就是對宣揚教義進行策略規劃。

策略規劃是管理活動的重要環節，也是管理學問的收尾課程；它不

只可用在宏觀的組織設計，也適於微觀的個人安頓。策略規劃的目的是「提出遠見、創造願景」，一旦確立便形成遠程、中程、近程目標，再以更詳盡的方案逐步落實。依此觀之，創立人生大智教的策略無疑是為廣大華人提供安身與了生兩大面向的心之所繫；其中後者較易得到普遍認同而予先行，前者則因時因地制宜多所限制。目前人生教暫以十年上下的遠程規劃為度，於民國下轄的臺澎金馬作為先行試點；其中生死議題可伺機向其他華人社會推廣，政治議題則需要找出初步可行的解套之計再論後續。至於宣教工具，圖文出版品和網路社群皆宜善加運用。

二、目標設計

　　策略樹立遠見願景，目標據此設計推動，方案逐步落實執行。人生大智教的宣傳具有近程、中程、遠程三階目標，分別以一至三年、四至六年、七至十年為期。其中遠程目標是為配合策略前瞻而訂，到頭來希望將一套清風明月的生死觀解，普及推廣至廣大華人世界；至於形成足以讓人長期安身立命的類似邦聯制政治處境，也希望兩岸通過談判奠定基礎。一旦長遠目標初具雛形，近中程目標的規劃設計遂有所依據。宣揚人生教主要就是推廣新生命教育，而新生命教育在國內作為學校生命教育的民間版、成人版、擴充版與升級版，多少可以參考官方在本世紀初所拈出的第一份四年中程計畫，從而加以改革創新，以適用於成年人。

　　生命教育是一套在臺灣行之有年的教育政策，由於其提法既正向又多元，不久便擴散至港澳及大陸；彼此唯一重大差異，即臺港澳多有宗教團體護持，大陸則絕口不提宗教。我國的中程計畫如今算來已進入第五輪，終於打造成學生必修的正式課程。不同於學校的制式教育，新生命教育主要運用社會力量和媒體管道，為成年國人提供安身立命與了生脫死的心理建設及精神武裝；且主要對焦於中年人，以推廣「中年中產中隱」的適性愜意人生信念。眼前華人社會的平均餘命大約八十上下，

其中香港人最長壽，或與其落實公共衛生到位有關。一般成人生涯期占去陽壽之半，爲之訂立目標加以設計，可謂不虛此生。

三、方案執行

現今流行於世的管理知識學問，乃是資本主義發展之下的產物，最初見於歐美國家大型工廠之內設計製造流程的管控，在及於成本估算與銷售通路。資本社會的商品經濟講究的是企業管理，企業五大功能爲「生產、行銷、人事、研發、財務」，管理五大功能則是「規劃、組織、任用、領導、控制」，彼此以矩陣型態交相爲用，達到組織管理的目的。參照企業管理的架構，將經濟部門推廣至政治部門的公共行政，以及社會部門的非營利組織管理，百年來大致完善了各種型態的組織管理。而這一切也可以微觀化到個人身上，以進行資源管理，即包括對「人、事、時、地、物」五大方面的掌握。

放眼看今日國內各式教團，因其組織紛雜，亟待依法管理；無奈各方阻力極大，一部〈宗教團體法〉琢磨了近二十載，問世依然遙遙無期，而另起草的〈宗教基本法〉更是荒腔走板。面對此情此景，大智教、人生教反其道而行，不走團體化、組織化路線，而朝個人化、內在化設計，希望有緣人通過信奉，開始從事自我管理，一步一腳印，以實現安身與了生的目的。對此人生教的宣揚在短期目標階段內，要求呈現一定的方案執行結果；我身爲「大智教化主」，正以每學期上百名大學生通識課的講授，加上持之以恆維繫三種臉書網誌以及三處博客部落格，相信會有所獲。事實上這套推廣模式已試行三年，對其信度與效度有所肯定。

四、永續發展

　　人生教作爲宣揚古今中外聖賢才智有關安身與了生之道大智大慧的新興擬似宗教信仰，採取虛擬設計的潛移默化途徑，一來爲我能力所能及，二來也受到教義性質所影響。人生教或大智教既屬常識教和生活教，大可不必標新立異、譁衆取寵，而是走向反身而誠、自我超拔的道路，用以反璞歸眞，還其本來面目。人生教的內容原本只是一些大智慧所彰顯的活常識，人人可能耳聞，卻又經常淡忘，需要不時提醒，以利安身了生。這些其實就相當於生死學與生活學，希望人們在生死之間做出妥善存在抉擇。它們若僅作爲哲學義理，有可能光說不做；將之打造成宗教意理，就要求通過信仰產生力量，從而知行合一。

　　我自幼生長於臺灣，長期被教育成爲中國人，直到不惑以後碰上國族認同危機，一度爲之困惑，至今則豁然開朗，從而自我貞定，以不變應萬變。放眼看生存環境，已持續維繫七十載的中華民國南渡偏安政權，乃是臺澎金馬人民絕續存亡的基礎，而將來納入類似邦聯的大框架則爲底線；至於獨立建國之說，只能視爲政客內鬥的癡人說夢，不宜當眞。「永續發展」在對岸譯爲「可持續發展」，其實更忠於外文原意。凡人皆有死，而想像國家千秋萬世更是不切實際；人生精華在中年，相對於對岸強權的小國寡民偏安政體，只能選擇不積極作爲的中道，這一切都可以歸納爲中隱的可持續發展，無怨無悔，死而後已。

結　語

　　本章探討人生教具體社會實踐的可行之道，以情意書寫的風格，闡述教義的傳布構想，包括其可行性及限度。長期身爲大學教授，我慣於坐而言而非起而行；但是始終講授生命課題，躬行實踐卻不時展現出切身攸關，此中尤以近年所見政客「去中國化」的操作爲甚，乃不平則

鳴，不吐不快。我自視爲「思者醒客、智者逸人；後現代儒道家、知識分子生活家」，近期每年約有三百生徒受教，手邊持續在六處網誌貼文，以此爲基礎宣揚自己所創立的人生大智教，相信並非癡人說夢。我手寫我心，在入老出版回憶錄之後，又以五個月撰成近十五萬字新書，揮灑自如之下，只能說是道喜充滿，立言以不朽，死而無憾矣。

第九章

國族認同

摘　要

末章回顧並反思新生命教育的義理與意理，相較於前面的論述偏重在了生脫死方面，本章則以安身立命爲主軸，因此不可避免地碰觸到對現實政治的反思與批判。全文分爲五節，首節表達書寫緣起，強調人生在世頂天立地之必要，從而不脫個體存在抉擇的歷史社會文化脈絡。次節揭示教化所需的義理之學，亦即應用哲學，分爲認識論、本體論、價值論鋪陳之。三節論及安身立命，乃就歷史與社會，以及本土與在地次第分析，以彰顯人生座落的處境。四節提出了生脫死在義理之學觀照下的三大面向，依此倡議安樂死合法化。末節表明新生命教育的意識型態，希望人們在兼濟與獨善之間恰當拿捏。

引　言

大半生爲人師表，從高職生教到博士生，自認所講授的全都屬於通識性質的生命課程。如今於入老之際反身而誠，嘗試將大半生所思所講所寫，做出系統化總結，名之爲「大智教化」或「新生命教育」。新生命教育是官方政策下學校生命教育的民間版、成人版、擴充版與升級版，主要針對成年國人而發，用以自度度人「安身立命、了生脫死」。新生命教育提倡擬似宗教的「大智教」、「人生教」，我自許但不自詡爲創始者及代言人，乃自視爲「大智教化主」，並設立虛擬的「大智教化院」宣揚福音。寫作本書即是對教義的探索，全書秉持文學的反諷基調，希望建構一套擬似宗教的人生美學論述，作爲各家各派宗教信仰的另類選項。

第一節　生命書寫

一、存在抉擇

　　吾十有五而志於學，好讀書不求甚解，至今猶然；雖以大學教授的身分成爲人們眼中的學者專家，但我始終自忖爲學術殿堂的邊緣人，甚至門外漢。好在我一直自認在教通識課，博雅可也，無需專門。選擇進入最冷門的哲學系以追尋人生意義，是我在年少輕狂時所做出的頭一個重大存在抉擇，沒想到日後要長期承擔種因所結的果，尤其是當老師。念文科的出路只有更上層樓，而且不是搖筆桿就是耍嘴皮；我做過三年記者，然後就是三十多年教職，至今雖已正式離退仍在隨緣兼課。從初爲人師到好爲人師，原本並未列入生涯規劃；卻由困而學之步向水到渠成，多少也算是圓滿了生命情調的抉擇。

　　我的抉擇因緣來自上世紀中葉存在思潮的流行，苦悶少年通過閱讀希望發現出困之路，卻不脫是在爲賦新辭強說愁。相形之下，海峽對岸的同齡人幾乎全部都浮沉在文革的水深火熱中，難以超拔。多年後我從彼此的對照之中，領悟出「人皆無逃於天地之間，須學會頂天立地之道」；任何存在抉擇都需要有所座落，方不致掛空。人們大多靠著幾分意念，從而決定往後的人生流轉，於我便是走上教學研究之途。我教故我在，久之不免自以爲是；尤其是教哲學，總以爲大道理放諸四海皆準，孰不知個體存在的歷史社會文化背景同樣重要。「天地之間」就是日常生活中的大環境，包括全球暖化以及兩岸關係。

二、頂天立地

我於蔣經國去世十六天後取得博士學位，半年後正式進入職場，展開教研生涯，在大學內講授生命課程；其中最主要的是「生死學」，至今已歷二十四年。生死學既談死也論生，年輕生命距死甚遙，上課大多來聽故事、看電影；倒是對生存與生活的自我安頓課題，跟大家息息相關。長期以來我多半在宣揚人生大道理，將之轉化為小常識，希望同學能夠受用。這些道理主要取材於古今中外聖賢才智的大智大慧，雖然後來納入一些我自己的反思心得，卻不免流於坐而言而非起而行；換言之，生命教育之於我和學生，只有說教加上體驗，卻少有躬行實踐的機會。我常自我調侃說，生命課不易立竿見影，卻有潛移默化的效果。

潛移默化或許指向終身學習，更適於從事成人教育與社會教育，而學校裏的大學生則期待能學得「帶得走」的實用知識。問題是通識課自始多半設計成修養課，學生也常以營養學分視之。面對此等落差，我當然希望盡可能提供年輕人心靈養分，以創造附加價值。經歷多年教學體驗，我逐漸發展出一條自度度人「安身立命、了生脫死」的途徑，名之為「大智教化」或「新生命教育」。依照我的設想，新生命教育具有可操作性，它通過一些方便法門，讓人們擁有起碼的「頂天立地」自家本事。這是指面對各種社會處境如何自我調適的能力，年輕人要做到既安身又立命，老來則盡可能既了生又脫死，如此則全方位涵蓋一生的發展。

三、個人知識

作為哲學及生命教育教師，我將多年的教學體驗歸結為新生命教育，這是一套由個人知識轉化為生命學問的義理和意理；義理指務實的應用哲學，意理則為可行的意識型態。新生命教育強調天人合一下的知

行合一，從認識主義添信念，到拿定主意下決心。我通過個人知識的多年醞釀，終於拈出「後科學人文自然主義華人應用哲學」，簡稱「天然論義理學」或「天然哲」。它的理想人格是標榜「後現代儒道家」的「知識分子生活家」，由此可見它不但屬於個人知識，更是局部知識，主要適用於成年國人。這是因為足以有效操作的生命學問，必須扣緊個體存在的歷史社會文化背景因素，否則就會失落掛空。

華人應用哲學不只是中西哲學的應用，更多為思想文化的傳承。如今學院哲學多分中西二元，西方哲學能夠銜接科學，中土哲學則可以回歸文史哲不分家。「西學」自古即講「宇宙與人生」，且多走在「從宇宙看人生」的途徑上，以知識框限價值；相形之下，「中學」則主張「從人生看宇宙」，將認知活動也視為價值判斷，傳統上的「尊德性與道問學」乃合而為一。然而身處二十一世紀後現代，即使在華人社會也是東西文化相互融滲，此刻就必須貞定自家本事的主體性。這是指個人的思想與信仰需要具備一定的文化底蘊，以體現出「一個民族的生活方式」，我的個人知識即來自中土「人文化成」的修養工夫。

四、生命學問

「生命學問」為當代大儒牟宗三所提倡，它發現西學乃是「知識中心」，唯有中學才講究「生命中心」，而生命學問則體現為個人及民族的「盡性」。盡性指善盡本心本性，個人如此，民族亦當如此。身為中華民族的一員，我遲至半百才在本土文化的泉源中，貞定一己生命情調的抉擇。然而因為稟性氣質使然，我並未走向儒家式兼濟的倫理學途徑，而是嚮往道家式獨善的人生美學進路。但是在現實生活中不可能隨時隨地閒雲野鶴，多少仍要具備人溺己溺的憂患意識，對後者我乃視為「必要之偽」。「偽」即「人為」造作，由肯定性惡的荀子所主張，要求盡量用禮樂教化去匡正人心，這已充分反映在日後的道德教育中。

對此我卻有著不同見解。眼見數千年來陽儒陰法的社會環境，嚴刑

峻法披著仁義道德的外衣，不斷斲喪人心人性的本來面目，一如魯迅口中的「禮教吃人」。時值二十一世紀，受到百餘年西學東漸的影響，生命學問採取「後現代儒道家」的路線，或許是一條可行之道。此一路線以人生美學爲核心價值，社會倫理爲外在實踐，後現代性爲時代氛圍，巧妙體現「西用中體」的治學方法與工夫。以上所言，即代表本書的生命書寫緣起和初心，用以打造大智教或人生教的基本教義。我有意將人生教與各家各派信仰並列，正是希望用反諷手法，使之呈現爲擬似宗教信仰的另類選項，亦即一套非宗教的人生信念。

第二節　義理之學

一、應用哲學

　　義理之學乃是傳統國學對哲學思想的概括，多與考據之學及辭章之學並舉。國學雖分爲經、史、子、集四部，但在治學途徑上卻表現爲文史哲不分家。我正是在這層意義上看待哲學，尤其重視借題發揮的文學作品，總覺得比嚴肅哲學表述親切得多。長期以來，我一向對拘泥論證的認識論、談玄說理的本體論、道貌岸然的價值論之學院派不以爲然，研究之路也盡量自我邊緣化，夾縫中求生存。我從寫碩士論文到升上教授近二十年間，一直鑽研冷僻的科學哲學，發現吾道頗孤。後來奇妙事情發生了，在上世紀末國內學界竟然開始正視應用哲學，尤其是應用倫理學，讓我有機會從理論探索走向實踐應用，從而發展出自家本事。

　　作爲人文領域基本學科之一的哲學，其下主要分支學科大致包括形上學、知識學、倫理學、美學、理則學和哲學史等，其中前四科可納入更概括的本體論、認識論與價值論。列入價值論的倫理學具有規範性及可操作性，一般視爲實踐哲學，而與理論哲學相對；這也是爲什麼發展

僅有三、四十年的應用哲學，要以應用倫理學爲核心。應用倫理學主要包括醫學倫理學、環境倫理學、企業倫理學三者，都具有跨領域及跨學科的特質，足以構成通識教育的重要課程。事實上，在我長期服務以商科起家的銘傳大學，就曾把企業倫理學列爲必選通識課。此外官方高中生命教育類課程，則開設生命與科技倫理課。

二、認識論

應用哲學不只是傳統哲學的應用，更屬於新世紀新型態的新哲學。新世紀已經全方位體現出後現代處境，相較於現代性的內斂與規準，後現代更強調外爍與解放，從而體現「質疑主流、正視另類；肯定多元、尊重差異」的特色。興起於七、八十年前藝術圈的後現代主義，起初並不屬於哲學思潮，但到了四、五十年前卻逐漸影響著西方哲學的發展方向。簡單地說，它多少改變了哲學對世界的認知視角，像科學哲學在半世紀前從邏輯主義走向歷史主義便是一例。面對看似客觀嚴謹的科學論述，早先要求必須符合邏輯分析，之後則考察這些論述究竟是在何種時空背景中所形成。從關注內在理路到外在成因，可視爲認識論轉向。

哲學探討宇宙與人生，科學於三百年前自哲學脫胎而生，特重宇宙一端；而當後現代觀點從「科學說了什麼」轉爲「科學家做了什麼」，不啻爲人生活動的考察多開了一扇窗。尤有甚者，當中土儒者唐君毅宣稱「從宇宙看人生」屬於「最彎曲的路」，唯有「從人生看宇宙」方能「直透本原」，則可視爲更深層的認識論變革。人心的認識作用通過認知活動逐漸凝聚出各門知識，說明性的宇宙知識跟詮釋性的人生知識明顯不同調，必須自覺地有所分判。一般而言，科學只分辨事實眞僞，人文則關注價值面的是非、善惡、對錯、好壞、美醜等問題；二者雖不能一概而論，卻在現實中相輔相成，從人生看宇宙多少爲科技賦予人性。

三、本體論

西方哲學中的本體論源遠流長，其實比認識論歷史悠久得多；後者是近代哲學家反身自覺的產物，前者則屬古代思想家驚異於大化流行的好奇心。古希臘哲人首先開創了無所不包的「愛智之學」，先後分為宇宙論和人事論兩個時期；前者探索森羅萬象的奧秘，後者關切世道人心的安頓，直到「希臘三傑」始將之融會貫通。三傑包括師徒孫三代，祖師爺蘇格拉底的思想記錄在徒弟柏拉圖的著作中，但後來居上的亞里斯多德著作更為系統化，且宣稱「吾愛吾師，吾更愛真理」，以示道不相同。亞氏極為博學，著述上天下地無所不包，後人編纂其書，列為《物理學》之後的一部題為《後設物理學》，竟巧妙點出本體論的性質。

哲學中的「本體」乃相對於「現象」而言，現象可以通過感官認知，本體則必須靠思辨推理以確立。問題是感官知覺人人具備，可以在經驗上檢證；思辨推理則見仁見智，難以取得共識。作為古代宇宙論的物理學，日後逐漸轉化出自然哲學及自然科學；而作為本體論又稱形上學或玄學的後設物理學，卻始終玄之又玄、莫衷一是。難怪到了二十世紀，不少哲學家和科學家都宣稱要「取消形上學」。然而放大視野看，倘若參照中土文史哲不分家的儒道融通人文自然觀點，將本體論從西方式的思辨推理，導向東方式的心領神會途徑，其實有可能更接近「愛好智慧」的本心與真諦。本體即是事物本來面目，用心體證必有所獲。

四、價值論

本體論轉向類似於認識論轉向，更呼應在「西用中體」以及「從人生看宇宙」原則下的價值論轉向。哲學價值論包括倫理學與美學的探究，西方主要還是從理性思考契入，連宗教信仰也不例外；東方則容許感性默會的參悟，儒道佛皆各有所長。大智教化或新生命教育主張三家

會通，而以道家居於核心；理由無他，獨善優位而已。中國自秦漢大一統後便走向獨尊儒術，集體意識始終高於個體自主；而後者正是道家所長，日後更吸納佛家禪宗的精華。身處二十一世紀後現代的臺灣，在民主自由的大纛下，講究儒家式社會倫理規範之外，無論如何也應該納入道家式人生美學自適的可能。民主社會理當包容個體自主，以體現多元價值。

　　作爲生命教育擴充與升級的新生命教育，積極提倡融倫理學與美學於一爐，以平易近人的美育化解道貌岸然的德育。雖然如胡適及馮友蘭等哲學家都認爲倫理學跟人生哲學可相互取代，但仔細觀之，二者絕非同一回事。因爲倫理學提出人倫之理，必須涉及人際互動；人生哲學則可反身而誠，足以自我貞定而無向外馳求之誤。後者主要針對修身的獨善工夫，前者則必然要處理齊家以上的兼濟需要。長期以來，華人都是以集體框限個體；如今到了個體出頭天的後現代，大可質疑主流、走向另類，不用再犧牲小我、成全大我了。具體作法是年輕時珍惜小確幸，及長開創中確幸，暮年更要樂享老確幸。

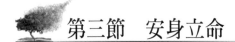

第三節　安身立命

一、歷史因緣

　　「小確幸」之說來自日本作家村上春樹，意指小資產階級要懂得把握眼前手邊明確的幸福感受。它看似頹廢庸俗，卻充分反映出今日臺灣的後現代狀況。中華民國在臺灣做了七十載的偏安政權，已經從具有社會主義理想的三民主義，澈底轉化變遷爲一個資本主義社會；相較於歐洲國家，我們連一個像樣的左派政黨都沒有，就不必大力標榜社會正義，還是用心自我修持來得務實。當新生命教育希望針對成年國人提出

「安身立命、了生脫死」的見解，首先碰到的就是一連串歷史糾結的困境，主要包括政權偏安、國族認同，以及經濟依賴等。在這種情況下，大專畢業成年人正要進入就業市場，就必須認眞考量安身立命的問題。

「安身立命」原本爲禪宗語，引申可指安頓身心及樹立理想，而這些都不脫個體所屬的歷史社會文化環境。臺灣於近代爲西方人視之「美麗之島」而予占領，十九世紀末又自清廷手中割讓給日本；二戰後日本戰敗爲盟軍所屬，交由中國治理。當時原本想將琉球一併託管，卻爲蔣介石所拒，結果美國占領沖繩直至一九七零年代，至今仍有部分領土淪爲美軍基地。而臺灣正式歸還中國，則繫於五零年代〈舊金山和約〉，此後民國方得以偏安政權落地生根。依此觀之，內戰後成立的人民共和國從未統治過臺灣，因此完全沒有獨立與否問題；此與香港、新疆及西藏在其國內爭獨立截然不同，眼前臺獨不過某些黨派的反中情結而已。

二、社會處境

一般多視二戰後統治臺灣的兩蔣爲實施白色恐怖的獨裁政權，雖有幾分道理，卻並不應以偏概全。由於起初蔣介石堅決要反攻大陸，因此走治亂世用重典路線可以理解；何況他後來的確鞏固了臺灣的政經地位，並非全無貢獻。至於蔣經國雖亦曾打擊異己，但能做到政權和平轉移，遂不能以獨裁視之。反觀今日，國民黨一度淪爲不堪一擊的在野殘部，執政者卻以「轉型正義」之名對其窮追猛打，毫不留情，其較之蔣介石對日本以德報怨的大度，可謂相去不可以道里計。認眞考察，自蘇聯解體後各自獨立的從屬國與附庸國，紛紛向過去統治者算舊帳，正是使得轉型正義之說甚囂塵上的主因，但這並不全然適用於臺灣。

中華民國至少在蔣經國實際掌權的十幾二十年間，經濟起飛先行，繼而也出現政治解嚴的大幅開放；這屬於和平改革的結果，而非烽火革命下的波瀾。從一黨獨大到政黨輪替，原本可期待長治久安，無奈卻因爲國族認同的衝突，加上對岸日益強大，將臺海情勢看似推向難以解套

的泥淖中。就以奧運正名爲例，過去能夠改名的機會已不存在，今後除非委曲求全，否則只有玉石俱焚。這是政治現實下的社會處境，受苦的人沒有悲觀的權利，只能逆向思考，有力使力，無力使智，寄望能夠積極跟彼岸對話，或能化解一絲緊張的衝突態勢。具體作法是主張「一中互表」，大聲疾呼「我也是中國人」，而將失落已久的話語權爭取回來。

三、本土文化

新生命教育目前既然針對成年國人而發，有必要正視這群社會主力生涯發展的可能性與限度，並提出改善對策。可行方法留待末節意理之道再談，眼前先確認安身立命的必要條件；一旦缺乏這些條件，生涯便將面臨重大阻力。經過長期觀察和經驗積累，我發現關鍵條件在於對中華本土文化的認同，從而促成兩岸走向優勢互補的行動。由於當下情勢是彼大我小、彼強我弱，面對此一窘境，執政者若心存意氣之爭，一味寄望美國人撐腰，只會引火自焚。識時務者爲俊傑，當對岸即將成爲世上最大經濟體，同屬中國人的我們，實可站在最佳合作位置以分享成果，而非自外於其影響，而把前途越走越窄。

有人認爲這是投降主義，但當內戰結束已屆七十載，民國仍以南渡偏安政權地位挺立於世，何以謂投降？再說對岸以大國強國之姿放下身段，願以彼此承認「九二共識」爲條件換取互利共榮，而獨派對此堅拒的態度實在值得商榷。姑不論此一共識是否存在，對方其實只是想確認「一個中國」的可能；「一中互表」或許正是兩岸政局的最大公約數。民國當然不希望被壓縮成共和國的一省或特區，若將此一爭議暫時擱置，而以歷史縱深爲思考空間，坐下來好好談判建立一座在上位且以本土文化結盟的「大中華邦聯」之可能。這絕非一勞永逸的答案，而是爲當前困境暫時解套的方便法門，但比起長期對立僵持無疑務實得多。

四、在地實踐

　　人生教乃是中華文化本位的人文自然信念，希望通過「後現代儒道家」的思想洗禮，培養「知識分子生活家」的理想民國人，這正是一套本土文化紮根的在地實踐。跟歷史上偏安王朝不同，由於兩岸都是以漢民族為主並打著「中華」旗號的政權，雖然分治已長達七十載，但因文化認同而無妨於彼此交流三十餘年。這一切皆成就於強人政治的結束，我國走向民主自由開放；即使曾經二度政黨輪替，也不應動搖賴以溝通的文化基礎。然而當人們無奈地看見例如「故宮臺灣化」這類偏頗言論與作法，只能視為在地實踐的走火入魔。本土與在地並非站在同一層次，不少人口中的本土化其實只是在地化，承認自己也是中國人才算到位。

　　由於歷史的偶然，臺灣的政治地位始終處於爭議中；但另一方面，中華民國的存在卻是必須正視的事實，也是兩岸交往的底線。如今由於民選政府企圖挑戰並放棄此一底線，引來對岸不斷施壓，也讓人們認清共產黨才是執政黨的最大反對黨。民主是講理的政治，講理首先要認清現實，採用對人民最有益的手段去跟反對勢力周旋，方能讓百姓的安身立命有所著落。臺灣人的在地實踐可視為閩南文化的一環，一如港澳之於百粵文化；但港澳的地位為特區，民國卻是能行使一定主權的政治實體。這種偏安政權的特殊歷史際遇，類似東晉、南宋、北元、南明，除後者因內鬥消亡外，皆維繫達百年以上，理當視為國民資產而非負債。

第四節　了生脫死

一、由死觀生

　　人生教爲關切成年國人安身立命的問題，而對現實政治有所關注，只能點到爲止。畢竟安身立命的生涯發展到頭來終究要告一段落，面對老病死接踵而至，每個人都必須獨自承擔，此刻就需要培養了生脫死的心理建設與精神武裝。由於我曾兩度在哲學系講授「生死哲學」一科，皆善用義理分類作爲架構以直指人心，效果不差，乃納入人生教義予以發揮。簡言之，針對如何了生脫死的心領神會，我提出通過「由死觀生」的認識論進路，發現「向死而生」的本體論奧義，從而肯定「輕死重生」的價值論實踐。作爲認知起點的由死觀生途徑，倒轉了孔子「未知生，焉知死」的態度，卻認同他的現世主義。

　　由死觀生進路主張「未知死，焉知生」，希望藉新生命教育讓人們正視與重視死亡之種種。不可否認的是，面對死亡議題，的確越老越有感，年輕人多半只當作是聽故事。此際我上課除了規定同學寫遺書爲功課，更要求他們回家觀察老齡長輩，通過接觸親人以體察生命後期的可能遭遇，進而瞭解自己終將走上這一步。此外由死觀生更有一項實用目的，就是藉著盡量談死而不怕死。國人多有死亡禁忌和避諱，年輕人也不例外：這多少是因爲社會風氣過度保守使然，像家長不讓孩子看見喪禮，就不免造成反面效果。西方國家有老師帶著孩童參觀墓園並野餐，藉以認識人生在世的最後歸宿，這點在華人社會肯定要挨罵。

二、向死而生

任教生死課自始至今,我不斷在追問:怕死到底在怕什麼?就常識看,死亡乃是生命不可逆的喪失;人們藉吃喝與呼吸賴以維生,一旦嚥下或吐出那口氣,就意味死亡的到臨。這究竟有何可怕?我想害怕最直接大概為病痛,還有就是意識到即將失去一切。難道我們直到最後一刻才失去一切嗎?德國哲學家海德格提醒人們,個體存在乃是一段向死而生的歷程,每一刻都將死去一點生機,其實到最後早已所剩無幾,也就沒什麼好不捨及掛心的。佛家嘗言道:「此念是煩惱,轉念即菩提」,一念之間足以改變許多事,包括死亡態度。一般人大多認為生是過程、死為終點,向死而生則強調生是起點、死為過程,好死便意味善生。

往深一層看,向死而生之說,多少指出活著的意義是在不斷死去的失去中彰顯,遂令人格外珍惜。作為人生勝利組的資訊界名人李開復,因為太醉心於事業,而於五十一歲在過度操勞下罹癌,歷經一年半載的療癒過程,終於撿回一命,從此大澈大悟,開始重新規劃人生道路,以善用活著的每一刻。他曾將復原心路歷程撰成一書《我修的死亡學分》,大陸版便直接以《向死而生》為題,更是一針見血。如今國人的平均餘命約在八十上下,成年人最多可有四十多年生涯發展機會,以及十數載退休清福好享。而在享受餘生之際,不妨多回想僅有的一生所為何事;既然是非成敗轉頭空,剎那也就化為永恆了。

三、輕死重生

人生教義作為通過華人應用哲學而樹立的人生信念,重點放在倫理學和美學所歸屬的價值論面向,主要目的在於能夠操作實踐。過去哲學常予人坐而言勝於起而行的印象,甚至被視為光說不做;新興的應用哲學不但強調跨領域及跨學科,更堅持必須就事論事,以解決實際問題。

例如醫學倫理學者因其分析個案以解決醫療決策道德困境的專業能力，不但有機會進入醫院的倫理委員會，甚至有可能出任臨床倫理師而站上第一線。像我便曾受聘於國立醫院倫理委員會，擔任三年外部委員；甚至有四回經驗被要求在線上投票，以即刻決定是否爲末期病患拔管令其大去。這幾乎等於手握生死大權的判官任務，執行起來著實不可不愼。

像臨床決策這類作爲多屬小處著手，而輕死重生的價值實踐，更希望人們擁有大處著眼的能力，以利決定善用有生之年的大方向，以及如何爲親人與自己落實死得其時及死得其所。人生有限，理當視爲珍貴資源，通過策略規劃善加利用，眞正不虛此生。另一方面，以厚養薄葬體現輕死重生的眞義，則是爲人子女善盡孝道的最佳實踐。基於後現代儒道家的理念，首先要肯定後現代的多元可能，在此必須將道家的反璞歸眞置於核心，然後以「必要之僞」消極處理愼終追遠的傳統要求。其原則爲：在料理親人後事時，藉著把握禮義但簡化禮儀，同時保存孝心卻淨化孝行。爲順利達成此目的，長輩生前最好清楚交代自然葬。

四、應盡便須盡

人類發展學將人的一生分爲三齡：從出生到就業的「生存競爭」第一齡、從就業至退休的「生涯發展」第二齡，以及退休後的「生趣閑賞」第三齡；新生命教育就前二者提出安身立命之道，而對後二者則標幟了生脫死之途。其中第二齡或許長達四十載，可視爲人生階段的漸層過渡，逐漸從安身步向了生。安身是爲走更長遠的路，了生則是看見路的盡頭而有所了悟。對此種了悟，陶淵明的詩句作出最佳註腳：「縱浪大化中，不喜亦不懼；應盡便須盡，無復獨多慮。」這是典型的也是健康的現世主義之體認，在「人死如燈滅」的大智慧見中，看見「是非成敗轉頭空」、「也無風雨也無晴」的生命眞諦，順其自然地活到死。

古人面臨死生大事，尚有機會順應自然；今人在科學技術的人爲造作下，反倒喪失了種種可能性。就人們心之所嚮的生命終點而言，「無

181

疾而終、壽終正寢」的好死善終可遇不可求。退一步看，少一些痛苦、多幾分祝福則是安寧療護的理想。但現實更可能是在求生不得、求死不能的苟延殘喘中含淚懷恨以終，此刻安樂死議題就應該被正視與重視。相對於安寧療護兼顧身心靈的自然死，安樂死看似殘忍無情的「人為加工死」，但它被討論的前提卻是更不人道的「人為加工活」。在多元價值的社會中，安樂死多少足以成為安寧死的另類選項，即使備而不用。畢竟「應盡便須盡」，若事與願違，則針對「延後」的「提前」並無不可。

第五節　意理之道

一、大　智

　　人生大智教義從義理之學發展至意理之道，正是希望人們從認清「主義」的理念中，一步步走向下定「主意」的實踐上。義理是應用哲學，意理則屬意識型態；前者自思想達致信仰，後者則從信仰生出力量。主意必須將意志轉換成行動，擇善固執，身體力行。大智教或人生教作為一套常識教及生活教，指點人們從既往的大智大慧之薰習中，醞釀出自己的愛智慧見之體證。體證便需要去做，嘗試方知深淺，無論安身立命或了生脫死都是一樣。既往的大智大慧來自古今中外聖賢才智，人生教將之凝聚成「後現代儒道家」的人生信念，用以開展「知識分子生活家」的生命實踐。它具有一定針對性，本章主要關注國人的處境。

　　國人現今的生存處境前所未見，因此需要政府與人民齊心協力，通過大智大慧尋找出困之路。面對現實政治的窘況，無疑需要大處著眼的智慧來看問題。民主體制下的政治智慧，可以通過知識表述讓人民認識，但更多情況下卻是被心隨境轉的常識所指引。常識即是一般見識，

而一般尋常百姓則通過選票來表達民意。問題是當前的基本常識，往往在媒體和網路操作下扭曲成民粹式謬見，亟待知識分子的眞知卓見以撥亂反正、撥雲見日。中華民國目前需要的是「無力使智」，頭一步當然是要靠自己，但接下去究竟是要使智於美日還是對岸，才是眞正的考驗。不同於新加坡的被動獨立，我們無此機遇，只得另謀出路。

二、慧　見

談政治太沉重，但是它於國內卻無所不在；此起彼落的選舉，以及政論節目的轟炸，皆令人無處可逃。既然逃不掉，就選擇去面對它；不是空手對抗，而是擁有一套強化心智的精神武裝，此即應用哲學的愛智慧見。應用哲學自上世紀八零年代應運而生，試圖彌補傳統哲學不足之處，屬於典型後現代產物。著名例證便是美國哲學家杜明的宏文〈醫學如何挽救住倫理學的命脈〉，以示哲學轉向跨領域探究所產生的實用力道。醫學倫理經過擴充後形成生命倫理，其中包括護理倫理。護理專業如今並非從屬於醫療專業，而歸於醫療與照護相輔相成的助人專業。護理早先的確從屬於醫療，之所以有今天，部分是藉助於哲學的力量。

我的教授升等論文專門研究護理哲學，發現很少有一門助人專業如此重視哲學，在護理界稱之爲「哲理」。她們並非仰仗傳統哲學，而是從後現代思潮中特別揀選一道利器，那便是女性主義。女性主義哲理十分強調陰柔的「關懷」倫理，以有別於主流陽剛的「正義」倫理，由此反映出專業職場中「治療」與「照護」的差異。後現代精神主張「尊重差異」；從多元視角檢視問題，方能看見差異而退一步想。如今執政者正在揮舞「轉型正義」大旗到處殺伐，倘若能夠退一步將「關懷」之情融入其中，則像年金改革及追討黨產等作爲，就可以操作得更細膩也更得人心。轉型不必質問原罪，而是恢弘前瞻，這的確需要愛智慧見。

三、兼　濟

　　大智教、人生教扣緊中華本土文化與臺灣在地生活而發，不能也不必放諸四海皆準，善盡人事且順乎自然可也；一如孔子所言「盡人事，聽天命」，用現在的話來講，就是「發揮個人潛力，瞭解自身限度」。自古至今受到中華文化薰陶的讀書人，多少都會擁抱一些儒家式兼善天下的理想；一旦時運不濟或有志難伸，就有可能轉而追求道家式獨善其身的境界。時至今日，於西潮影響下的國內百姓，採取「後現代儒道家」的心態安身立命，相信能夠圓融無礙且無過與不及。兼濟之心往往產生以天下興亡為己任的大志，而於民主社會，這就得靠選賢與能來實現。然而一旦兼濟之心太重，就有可能導致政局動盪，損人更不利己。

　　民主制度下當選的行政首長及民意代表，基本上都屬於服務百姓的公僕，不宜自我膨脹為民父母，而形成「民主少一點」的「民王」作風。要知道民意如流水，水能載舟，亦能覆舟；當選後要懂得盡量打造全民政府或議會，而非光逞一黨之私。說來也無奈，民國的政黨輪替原本給大家帶來新希望，但到頭來卻因為國族認同問題爭執不斷而走向偏鋒，進而演成民粹出頭局面，看一看各形各色公投議題便知所言不虛。公民投票或能充分表達民意，但也可能淪為政治意理的刻意操作而導致失焦；像奧運改名便屬知其不可而為，但是安樂死合法化卻相當值得用選票表態。我們先進到容許廢死和同婚，卻對安樂死諱言噤聲，令人費解。

四、獨　善

　　看看今日檯面上的得意政客，不是博士教授，就是醫師科學家，如此高等知識分子，原本理當得到全民百姓的支持與信賴，但奇怪的卻

是經常演出荒腔走板，曾讓臺大校長空懸的「拔管」，便屬「完全執政」下一齣荒唐戲。探其究竟，只有一個理由可以解釋，那便是這批政客大多缺乏人文素養，只知道黨同伐異，而不懂同理共感。尤其一旦手握「轉型正義」的尚方寶劍，便從此自詡爲正義之士卻不知收斂，反倒難掩醜態嘴臉。尤其是坐上最高位的人，切莫忘記那些接近半數沒投票給自己的選民，他們也是應該被服務的對象。政客人文素養最重要的要求，便是兼濟少一點，獨善多一些；以愼獨的修養，彰顯有容乃大的胸懷。

　　官方版學校生命教育主要針對未成年學生而發，完全未涉及政治議題：作爲生命教育民間版及成人版的新生命教育，發現政治意理正是國人難以擺脫的罩門。曾經有人批評生命教育只反映中產階級的價值，而忽略了少數及弱勢族群的聲音與需求。新生命教育有鑑於此反身而誠，卻發現中產社會才是全民之所需。過去有些社會主義國家主張均富卻淪爲均貧，這是集體宰制個體的結果。相形之下，將民國打造成小而美的偏安政體並非難事，但頭一步必須認同中華，尤其是中華文化。人文化成下的獨善工夫指向反求諸己，而非總責怪別人。至於獨善最高境界，則莫過於視死如歸。倘若正常死亡像回家一樣親切，何懼之有？

結　語

　　本書懷著反諷的苦口婆心，將一套清風明月的人生信念，包裝成擬似宗教信仰的論述，並以議論文章形式和盤托出，其實正是海闊天空的另類表現。看似嚴肅的宗教和議論，一樣可以承載平易近人的生命情調，同時避免掉道貌岸然。我手寫我心，借題發揮不吐不快，終究體現出自家本事。在臺灣，政治口水戰不足畏，眞正可怕的是自視甚高硬幹到底的政客，因爲他們有可能拖垮整個中產社會。人生教希望人們認清現實，打破心結，回歸人文化成正途，以避免被視爲沒有文化。臺灣

沒有本錢打美國牌，只有擁抱中華民國與中華文化，以海峽此岸中國人之姿，積極與彼岸對話。如此全民僅有的偏安政權，才有機會可持續發展。

第四篇

人生大用

第十章

從常識到智慧

新生命教育
——華人應用哲學取向

摘　要

　　「新生命教育」的提倡及推廣主要以成年國人為對象，希望針對安身立命的「生活教育」與了生脫死的「生死教育」兩大面向和議題進行全方位的教化；本章寫作的目的，正是指點「從常識到智慧」的可能。文章共分五節，首節將生命分列生活與生死二端，以訴求大智慧觀解。二、三節次第討論安身與立命之種種，包括三元文化及人生三齡，以及兼濟獨善與中隱之道。至四、五節轉而進行了生與脫死的思考，透過對生老病死的分析，以及養生送死的多元選項之呈現，讓人們通過較為另類的視野，看見不同於傳統既往的作為。秉持官方生命教育「立場不必中立，態度必須公正」的原則，本章為「新生命教育」作出自我貞定。

引　言

　　「新生命教育」是我在入老之際所提出的新觀點、新論述，用以充實我於花甲開始推廣的「大智教化」；大智慧是內容，新生命則為目的。為達此目的，我自老齡前夕動筆撰寫本書，初稿歷時五個多月完成，進而用於非屬臺灣的金門在職教師碩士專班之實驗教學；本章性質屬於深化論述的「接著講」（馮友蘭語），對教化內容和目的講清楚、說明白。轉化傳統德育的生命教育成為國家政策已經整整二十年，以高中課綱為標竿，主要用於各級未成年學生；而我在大學以上任教人生課超過半生，如今希望以升級版的新生命教育貢獻於成人及社會教育。至於視之為大智教化，實有不拘形式的教化較制式教育更為寬廣之意。

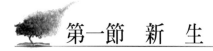 第一節 新 生

一、生 命

「生命」一辭常予人生氣盎然、積極正向之感，較「倫理」、「道德」的道貌岸然，更容易為教師及學生所接受，傳統德育遂在本世紀初逐漸轉向生命教育，內容且有所擴充，除倫理外更兼及心理、宗教、生死等議題。「生命教育」之說雖有外文相對照，卻是純粹在地產物；由於在形成政策過程中，正好碰上教改浪潮，革掉傳統德育卻未能立即推陳出新，便出現被譏為「缺德」的青黃不接時期。雖然世紀初政黨輪替，新政府上臺立即宣布推動「生命教育年」，課綱卻遲至八年後始頒布，又等了兩年才正式實施。值得關注的是，這八年正好由獨派執政，對以中華文化為內涵的傳統德育去之而後快，卻無形中斲喪了民族下一代。

「生命」是一個有多重意涵的詞彙，既可用於「生命科學」，又足以指向「生命學問」；後者由當代新儒家學者牟宗三所提，用以指涉相對於西方「知識中心」的中國「生命中心」之為國為民「盡性」的學問。我所提倡的新生命教育，正是秉持「西用中體」建構原則，所打造以生命學問為「體」、生命科學為「用」，主要針對成年國人「安身立命」與「了生脫死」的一套人生義理。「中體西用」是百餘年前次殖民地在洋人船堅礮利猛攻下的心理慰藉，如今倒轉表述則可作為後殖民期「文理並重、東西兼治」的民族新生力量。新生命教育以「本土化」中華文化為底線，用於臺澎金馬則屬「在地性」教化實踐，二者分判不可不辨。

二、生　活

　　生命教育的提倡令人耳目一新，影響所及甚至傳至港澳和大陸，連對岸都將之列為長期政策推行。但正如另一位新儒家學者陳德和所言，生命之說至大無外，足以無所不包，也因此容易失焦。事實上，我正是以「各自表述、各取所需」來描繪國內生命教育的多樣景象。在經過二十年的試誤歷程後，生命教育終於自2019年起成為十二年國教內的高中必修課，所有年輕孩子都要受其薰習而臻於成年。既然具有如此重要性，我認為有必要正本清源、推陳出新，乃將之分列為「生活教育」和「生死教育」著眼施力，向上發展為從大學生到社會大眾的「新生命教育」。我目前在大學所講授的「生死學」及「生死哲學」便歸此道。

　　以生死學為例，它雖然列入生死教育，但是在「由死觀生」的前提下，還是可以藉討論人生義理而引申為生活教育。生活教育主要關切社會學家所指的「日常生活」，依常識判斷，大抵便是從第一齡到第二齡的「朝九晚五」，以及進入第三齡以後的「靜觀閒賞」。「生活」意味持續「活著」的人生，在傳統文化的觀照下，就指向如何「安身立命」。「安身立命」原本為禪宗語，如今卻更常使用於現代人的生涯發展上；往深處看，它還可以細分為「安身」與「立命」兩部分來討論，這正是下兩節的主題。而相對於生活教育的乃是生死教育，「生死」在此可視為「向死」的人生，屬於德國存在主義哲學家海德格的創見。

三、生　死

　　一般人多認為生是過程、死為終點，難免不捨和失落；海德格則提出生是起點、死為過程，頗具孫子兵法所謂「置之死地而後生」的智慧觀解。而佛家看盡世間及出世間的假諦與真諦，亦拈出「此念是煩惱，轉念即菩提」的大智慧見。死既不可免，則用什麼觀點心態去看待它，

便屬於生命的學問。但是人們終究不喜歡面對死亡，更不願意多談論它；尤其是在孩子面前，講太多還可能挨家長罵。放眼看過去學校生命教育，進階七科中六門談生活中的倫理、心理、宗教等課題，只有一門以「生死關懷」爲名介紹生死學。如此安排爲保護未成年人固然無可厚非，但大學生以上的成年人無論如何也需要懂得「由死觀生」才是。

既有的學校生命教育可視爲德育的擴充，剛施行的新課綱更納入群育及人生美育，列爲綜合活動學習領域的基本課程。德育作爲倫理道德教育實歸爲應用哲學教育，我所提倡針對成年華人而發的新生命教育，遂以「華人應用哲學」作爲生活教育及生死教育的義理與意理，亦即理念與實踐。華人應用哲學同樣秉持「西用中體」建構原則，通過「由死觀生」的認識論，發現「向死而生」的本體論，進而落實「輕死重生」的價值論。放在具體的生活及生死情境中，可分別就安身與立命、了生與脫死兩大面向來加以反思和觀照。它們的教化內容活水源頭，正是古今中外聖賢才智的大智大慧，總結成爲「後科學人文自然主義」。

四、大　智

新生命教育雖偏重成人的社會教化，但傳授原則仍不脫學校生命教育所強調的「態度必須開放，立場不必中立」；換言之，「各自表述、各取所需」實無不可。基於上述原則，我所標榜的大蠢便是「後科學、新人生；非宗教、安生死」的「後現代儒道家」思想，以培養「知識分子生活家」的人格典型。放在生活與生死的生命脈絡裏，需要的正是諸如「推石頭上山」、「成敗轉頭空」；「人死如燈滅」、「縱浪大化中」之類「從常識到智慧」的大智教化。新生命教育所執持的基本立場，包括常識主義、現世主義、存在主義、自然主義等等，都不算中立，但力求開放；開放爲足以當作任何宗教信仰以外的人生信念另類選項。

我擔任哲學教師主要講授人生義理，從早先「我註六經」的思想

建構，逐漸走向「六經註我」的愛智傳承；新生命教育所揭櫫的「後科
學人文自然主義華人應用哲學」，正是個人反身而誠自我貞定工夫之所
得，已撰成本書用作講義推己及人，於此不再贅述。倒是當下必須強調
的是，之前另有一書以《六經註》為名出版，實為我的學問生命與生命
學問之回憶錄，值得向大家推薦。「六經註我」之說源於宋儒陸九淵：
「學苟知本，六經皆我註腳。」六經代表古聖先賢的大智大慧，基於教
化需要為我所用以借題發揮，無疑是讓古意呈現新生的最佳契機。此一
新生彰顯出生命、生活、生死的大智慧見，在下文進一步探討。

第二節　安　身

一、三　元

　　「安身立命」之說從禪宗公案演成世間成語，固然助人開悟，終
究還是希望做到躬行實踐、身體力行。此話頭的常識性觀解，可以說成
是「安頓身心、樹立理想」。畢竟人生在世乃身心一體，否則可能精神
異常。但是法國哲學家笛卡兒從本體論方面看，卻主張身心二元，各自
為政，僅靠一腺體聯繫。此一二元觀視身體為精密機器，影響現代醫
學發展頗為深遠；唯有將身體視為機械，醫療方得以修理其中零件。不
過物極必反，當佛洛伊德以醫師身分創立精神醫學後，二元觀逐漸受到
衝擊：近年醫院內的精神科多改稱身心科，以示其相互衝突而致病，且
需由統整觀點加以診療。持平之說或可以是身心一體，但辨識上呈現二
元。

　　過去學校生命教育有「人格統整與靈性發展」一科，更擴充為
「身、心、靈」三元一體，以關心照顧為職志的護理專業尤其樂於強調
它。通過多元觀點的認識，或許更能夠讓人們「安身」；但身心靈終究

只及於個體，另有一套理論將身心與文化成果並列，便涉及外在條件的影響。相較之下，新生命教育乃倡議將科學哲學家波普的「身形、心靈、文化」三元互動，視爲安身立命的基礎條件，相信更顯周全。事實上，我在近二十年前建構生死學論述時，即曾拈出「生物—心理—社會—倫理—靈性一體五面向人學模式」作爲立足點，發展至今同樣有助於新生命教育。其實說穿了在此談論的議題，還是有機體跟環境互動的關係。

二、生　存

　　生命機體在環境中首先要面對的挑戰，便屬生存競爭。一百五十年前問世的演化論，兩大核心概念之一正是「天擇」，亦即「自然淘汰」；另一則爲「共祖」，指「生命同源」。雖然現代人早已擺脫茹毛飲血「人與天爭」的遠古時代，但是如今考場、職場、官場的「人與人爭」，其殺傷力較過去實有過之而無不及。社會學家將人生分爲三齡：從出生到就業爲「生存競爭」第一齡、就業至退休爲「生涯發展」第二齡，退休後則臻入「生趣閒賞」第三齡。由此觀之，第一齡成敗與否，乃是決定後兩個階段可持續發展的根本因素；個人一旦輸在起跑點，往後要扳回劣勢恐怕得費大勁了。這也是爲什麼生命教育要向下紮根的重要。

　　今人要順利就業必須以學校教育爲基礎，其中包括專門或專業教育，以及通識和生命教育；前者讓年輕人擁有一技之長以謀生餬口，後者則爲貞定社會角色及有效建立人際關係。依現實觀察，在人人都有大學念的情況下，「三十而立」的理想大抵能夠實現，或許還可以提早四、五年。但是有爲有守的時代青年首先必須注重養生，不能好逸惡勞或沉迷電玩而未老先衰，從而喪失往後的競爭力。進階到生涯時期不是沒有競爭，主要是在跟自己力爭上游。若從資源管理的角度看，人生在世必須知己知彼，同時培養核心競爭力，方能立於不敗之地。這需要一

定的自我覺察能力，正是生命教育的用武之地。

三、生　涯

　　在現代人的生活中，生涯發展大多指向「朝九晚五」的職場活動，連官場也不例外。當然後現代多元社會的職場不一定是辦公室，帶著筆記電腦到處幹活兒的人也不少；但終究還是生活在資本主義商品經濟的潮流中載沉載浮，這正是所謂「後現代處境」。後現代與現代既「歷時」又「共時」，換言之，後現代既在現代之內，又企圖突破現代，其顛覆精神遂被視爲「晚近資本主義的文化邏輯」。與代表公平正義的社會主義相對之巧取豪奪的資本主義，自一個半世紀以前馬克思與恩格斯著書立說以來，就被狠狠地批判至今，但放眼看去，連標榜「新時代中國特色社會主義」的大陸，都透顯出極盡資本主義之能事。

　　自從資本主義將社會主義的社會福利與保險之理念及制度納入後，廣大的中產階級遂在各個國家應運而生，華人社會亦不例外；像我們的健保舉世聞名，連美國都曾來取經。新生命教育主要以成年國人爲對象，希望爲其長達三、四十年的生涯發展時期，提供既安身且立命的建言，但其前提則需要一個相對穩定的中產社會。中產生活的特色是「在安定中求進步」，聽起來很庸俗，卻不容易達到。關鍵在於「安定」與否，死水一潭的安定不可能有進步，合乎大多數民眾利益的政策方能帶來進步，這又牽涉到政局。國內政局的最大變數明顯來自對岸，其次則爲美國，這些都是在地老百姓安身立命繞不過去的問題，勢必要認眞思索。

四、生　趣

　　雖說生趣閒賞主要屬於暮年餘生的境界，但其實每個人終其一生皆得以享受，宋儒程顥不是說「萬物靜觀皆自得」嗎？此一境界大致指向

靈性的滿足、精神的快樂，而較少涉及物資充裕與否。一般而言，快樂和幸福的確有些差別；快樂可以只涉及精神面，幸福卻多少要兼及物資面。年老或許物資無缺，但已無福享用；反倒是心靈上的充實更容易獲得，也更形重要。對岸姑且不論，身處民國的國民，如今正樂享民主自由開放的中產生活，這些都是全民努力通過生存競爭的打拼，開創生涯發展的榮景之產物，及至入老該是樂享天年的時機，這無疑爲個人安身的美妙成果，只要大家多關心經濟，少熱衷政治。

參與政治活動其實是作爲公民的義務與責任，理當積極涉入，但這是指正常社會與國家而言，正是這一點在中華民國始終爲一大罩門和困境。因爲在兩蔣辭世之後，國族認同卻一步步陷入危機，即使馬英九執政八年也不例外。這種情況於今尤烈，君不見一場只屬於地方首長及民意代表的選舉，到頭來必然升級爲統獨爭議，誤導群衆以「愛臺灣」與否選邊站來投票。這種詭譎心態的深層結構，其實來自傳統儒家的「正名」觀，卻藉著「名正言順」而遂行奪權目的。如今偏頗的社會價值無疑會斲喪民主而陷入民粹，終不免影響百姓的生涯方向與生趣境界。改善之道唯有走向道家的「無爲」，方能進一步海闊天空。

第三節　立　命

一、齊　家

新生命教育就安身講安頓身心，於立命則指樹立理想；一般多以理想相對於現實，倘若現實爲日常，則理想可以改善日常使之更上層樓。理想不必太高遠，生活化的理想同樣可以施展，譬如古代「八目」裏的「齊家」。八目是指「格、致、誠、正、修、齊、治、平」循序漸進的八項德目，爲傳統上成聖成賢的階段步驟。新生命教育將前四目視

作「爲學」與「做人」之道，乃是「修身」的根本；至於修身以上便涉入社會倫理，其中第一步即是齊家。傳統上齊家要求「男大當婚，女大當嫁；不孝有三，無後爲大」，意指結婚生子乃齊家之根本。不過時代畢竟不同了，如今連同志成家都已通過公投立法，樂享單身貴族更不必提。

「多元成家」是目前熱門話題，過去講「成家立業」的選項很單純，如今卻益形多元複雜。然而變中仍有不變條件，也就是「家庭」。現代的核心家庭係由舊日的擴大家庭、傳統家族與宗族，甚至更早的氏族一路演進而來。社會學意義下的核心家庭，即指父母與子女兩代人所組成的基本生活單位，但如此一來頂客夫妻及單身族群算不算無家可歸呢？這便牽涉到人生在世究竟何爲的思考。新生命教育通過「儒道融通」下「儒陽道陰、儒顯道隱、儒表道裏」所體現的另類進路，主要從儒家的「孝道」向道家的「自適」立場位移，將傳統齊家觀納入無後、非婚等「多元」考量；但是認爲同志成家僅屬「多樣」選擇，無需太過強調。

二、兼　濟

齊家之上原本還有治國及平天下的進程，但是這些傳統教誨已經不符合當今的實際；一名百姓遙想治國就必須參政，以行使公民權利爲起點。新生命教育肯定成年華人在兩岸都屬於公民，但中華民國可以從事各式各樣的選舉；雖然目前想參政還得等到弱冠，但首投族卻能夠提早兩歲進行公民投票。而無論是選賢與能還是公民投票，基本上都屬於「兼濟」的表現。「兼濟」乃相對於「獨善」，雖然不一定做到兼善天下，卻肯定有機會參與社群、投身社會以貢獻心力。古代讀書人受到儒家思想影響甚鉅，十年寒窗就是希望通過科舉取士金榜題名以進入官場。由於在明代以前幾乎沒有職場僅有官場，仕途遂成爲唯一兼濟途徑。

　　當然武人也有可能治國平天下，但大多必須碰上亂世才有機會脫穎而出，於治世還是朝廷文人官員的擅場。新生命教育考察古時文人儒道融通的大智大慧後，歸結出三位頗具代表性的人物，他們就是陶淵明、白居易及蘇東坡。此三人皆曾為官，雖官場際遇大不相同，卻都能秉持本真的性情，從儒家兼濟過渡到道家獨善。陶潛三仕三隱表示他始終有用世之心，卻懷才不遇而回返自然。樂天中年以前勇於進言卻惹禍上身遭貶，竟因此大澈大悟，遂以「中隱」之道告老致仕，算是全身而退。相形之下，蘇軾則官運不濟，屢遭構陷被貶至天涯海角，但能夠逆來順受，因而留下不朽文章和生活情趣令人緬懷回味。

三、中　隱

　　新生命教育是學校生命教育的民間版、成人版、擴充版與升級版，其基本義理為「後科學人文自然主義華人應用哲學」，具有中華本土文化與另類人生觀解特色。此等「另類」係相對於「主流」觀解而言，雖然看似離經叛道，其實內裏充滿深意。該等深意來自後面要闡述的「了生脫死」生命實相，通過「由死觀生—向死而生—輕死重生」一系知情意行的人生實踐，從而深切體認出傳統文化中的另類大智大慧，此即「生死學之父」傅偉勳所指出，以道家與禪宗思想為主調的「心性體認本位」生命學問，而與傳統儒家主張成聖成賢的進路大異其趣。新生命教育的終極目標，是教人在「向死」過程中，通過「中隱」之道以獨善其身。

　　「中隱」是白居易在中年遭貶後大澈大悟領略到的自處之道，那便是「閒適」生活。這種人生觀的真諦可謂「不積極作為」的避世，而非「積極不作為」的混世。必須說明的是，這種彷彿「由儒入道」的心態不宜太早出現，至少要等到不惑以後令其自然流露，而一旦邁入知命之年就應該堅持到底了。其中的小常識與大智慧正是「人死如燈滅」、「是非成敗轉頭空」、「知足常樂」等等道家式的人生觀解。生活在中

華民國這個民主自由後現代偏安政權下的兩千多萬華人，七十年來無戰亂地樂享從小康走向中產的安定生活，理當懂得感恩、惜福與積德，而非支持一些鬧民粹爭權奪利的政客，把國家一步步帶往危急存亡的深淵。

四、獨　善

　　該是認清現實的時候了，中華民國如今的處境，正類似於中國歷史上曾經出現過的幾個偏安政權：東晉、南宋、北元、南明，其中除南明因內鬨而迅速衰亡外，其餘皆延續百年以上。偏安不是流亡，但需要在「有力使力、無力使智」的前提下發揮自知之明，寧守成勿冒進，於與時俱進中靜觀其變。倘若「立命」代表樹立理想，那麼國人目前的理想唯有劃地自限，安度小國寡民的中產生活，同時免於成為美中兩大強權博弈的棋子。具體落實之道就是在半百以前關心社會、改善民生，之後則逐漸遁入中隱，力行獨善。獨善絕非自私自利，而是自給自足，無求於人，亦不為人所求；此乃道家最高境界，值得用心體證。

　　落實獨善工夫並不如想像中的容易，畢竟獨處自足較易，臻於善境頗難。以常識分析，善就是好，生活不斷改善變好乃人人所期望，但人生終究有起有落，一如花開花謝，到了生命走下坡的時期，變好已無可能，減緩變壞已屬不差。此乃生命實相，必須通過古今中外聖賢才智大智大慧的洗禮，始能達於大澈大悟之境。由於新生命教育的立足點是由死觀生，自此發現向死而生的真諦，進而提倡輕死重生的實踐，因此在安頓身心與樹立理想的大智教化中，不強調儒家式內聖外王的進路，而是推薦道家式反璞歸真的途徑。這是一套為成年國人所提供的方便法門，可視為在偏安政體下獨善其身的生活實踐。

第四節　了　生

一、生　育

　　引申過安身立命之種種，接下去就要談了生脫死的可能；如果前者是為了安頓身心並樹立理想，後者則教人以生之奧秘與死之進程。這分別代表新生命教育的生活與生死兩大教化面向，而教化途徑正是從常識到智慧。常識意指一般見識，越豐富越好，但不一定都對；它們有時需要通過知識檢證，有時可以直接跳進智慧之泉接受洗鍊。回想我念小學的啟蒙課之一正是「常識」，由此起步花了三十載拿到博士學位，又當了半輩子大學教授，終於得到一大領悟：世界有事實與價值之分，前者為真偽的分辨，可以通過知識釐清；後者屬是非、善惡、對錯、好壞、美醜的評價，就需要從常識到智慧的判斷。

　　此分判來面對「了生」的第一個主題「生育」，就需要打破常識之見以踏入智慧之境。華人社會長久以來便流行「男大當婚，女大當嫁；不孝有三，無後為大」的常識，人們說久了乃信以為真，其實似是而非，積非成是。這其中「當」與「孝」二觀念必須用大智慧加以批判，現實人生始得海闊天空。首先在後現代的今朝，結不結婚早已只是個人之事，是否樂於跟另一個異性或同性長相廝守，或獨自安度一生，悉聽尊便。至於要不要生小孩，更是與孝道無關，只不過代表選擇「創造宇宙繼起之生命」。不過必須強調的是，要生就得善養，為人父母是自己選擇的責任，不應要求回報，何況天倫之樂正是最佳報償。

二、養　生

　　把小孩拉拔大到成年，以後就是他自己的事，無需過度操心；各人回想自己是如何成長，便知其中真諦。依常識判斷，現代人把孩子養到獨立，自己大約也過半百，一方面隨時要為父母送終，另一方面更應該展開自己的養生之道。「養生」是中年以上的人經常掛在嘴邊卻始終難以落實到位的事情，但生也有涯，越晚開始越不容易奏效。以我自己為例，五十三歲出現高血壓，四載後步入糖尿病前期，近年似乎逐漸發病；其間不是沒有養生，甚至花九個月減重十三公斤，卻因為無法持之以恆，結果又回到原點，從此每下愈況。在觀念上我具備常識，在實踐上卻欠缺智慧，以至後悔莫及，好在革心創新尚不嫌晚。

　　告子說「食色性也」，「好好色」之於我早已是陳年往事，無關宏旨；倒是「貪美食」直到最近才真正放下捨得，卻不時仍會垂涎心動。對此我其實是困而行之，因為一旦不忌口血糖立即飆升，想到看見有人每到餐前得向肚子上打一針胰島素的景象，立即萬念俱灰，死心塌地粗茶淡飯，米麵主食一律謝絕矣。當然忌口還得配合運動，過去我的運動是外出游泳，如今則在家中邊看電視邊踩腳踏車，從入老當天起已斷續維持了好一陣子。猶記每回上課都會教學生要懂得「此念是煩惱，轉念即菩提」，現在至少能夠應用在自己身上，以減少降低部分失落感。像我這種貪圖口腹之慾的人，將一輩子「配額」提前用罄，只能說自作自受。

三、衰　老

　　不過話說回來，人終究還是要服老；像我以前喜歡吃到飽，更嚮往不醉不歸，到如今一切俱往矣，唯有細嚼慢嚥、淺斟低酌、靜觀自得。一位成人及社會教育學者邱天助在其著作《老，自在》之中，開宗明義

便提到：「綜觀今日社會的生活體系，無論工作、飲食、服飾、流行、居住、交通、教育或娛樂、運動，主要是基於四、五十歲，甚至二、三十歲人的生活需求而設計，……『老年』總是處於邊緣裏曖昧不明的生活領域。……許多老年人只能模仿年輕人的生命樣態而存在，……『我不老，我還年輕。』變成生命的執拗、價值和神話。」這說明了年紀越大越容易被社會邊緣化，唯有通過新生命教育來重新自我貞定才行。

　　放在生命本眞的視野當中看，生老病死、生住異滅、成住壞空，原來就是自然而然的事情。古時尙有「家有一老，如有一寶」的肯認，到如今老人卻必須懂得識相靠邊站。像我入老之月領到敬老卡，從此搭公車免費還有人讓座；欣喜之餘聽到下車刷卡響三聲，頓時想起「三聲無奈」這首歌；別人在車上讓位的博愛，不正是自己在職場無奈下讓位換來的嗎？如此現實生活裏之種種，在在都是新生命教育的鮮活課題。別說我在此倚老賣老，其實是想讓受教的青年及中年人習得同理心，一方面用心去觀察及關照自己的上一代甚至上兩代，另一方面則嘗試虛擬自己之老後。雖然年輕一代有機會長命百歲，但莫忘終究還是會老。

四、受　病

　　「生、老、病、死」乃是佛陀所指「八苦」中的四苦，屬於身體的衰亡；至於「愛別離、怨憎恚、求不得、五陰熾盛」，則歸心神的糾葛。值得一提的是，將「生」列爲八苦之首，正是因爲所有物種的個體來到世間就必須面臨生存競爭，於優勝劣敗中適者生存，到頭來卻終不免一死，情況頗似卡繆筆下受罰之人推石頭上山，見其滾下又得重推的徒勞。卡繆是曾獲諾貝爾獎的存在主義文學家，爲文揭露人生之荒謬，算得上智慧之見；而另一位存在主義哲學家海德格，則對世人提示「向死而生」逆向思考之妙諦，堪稱另類大智大慧。自覺存在的個體既然向死而生，則衰老及受病皆可視爲向死之過渡，實不必遺憾，更無需失落。

　　仔細觀之，生老病死不見得一應俱全，其中有生必有死，然老病出現則屬個人遭遇；有人年少辭世，也有人無疾而終，但生病還是大多數人的不適經驗。現代人生病求醫，診治服藥以待痊癒，在國內幾乎完全有健保給付，算得上是很好的社會福利。雖然醫療資源難免會被濫用浪費，但是全民照顧的良法美意仍歸德政，無論如何也讓生病百姓感到無後顧之憂。這種福祉甚至已延伸至「不治」病患身上，也就是下文要討論的安寧療護。老病接踵而來代表機體的折舊，雖然終不免一死，但是年輕時多多重視養生，或許有機會延緩折舊，同時得個好死善終。了生的最終目的是爲了脫死，新生命教育如是說。

第五節　脫　死

一、安　養

　　了生的目的之一在於助人順利脫死，亦即學得盡量擺脫對死亡的恐懼、迷思與羈絆。認眞想來，死並不足畏，不死才眞正恐怖；人生要能夠無有恐怖，就需要學習生命教育以了生脫死。雖然哲學家主張「向死而生」的逆向思考頗具啓發，但人們其實很難想像死亡屬於終其一生的歷程，而毋寧認爲是在最後一瞬間出現的人生終點；此等常識之見並無可厚非，畢竟相當容易在現實中得到印證。像我繼父臨終之際，親眼看見他的生命跡象在示波器上大起大落，最終成爲一條條平行線，片刻後由醫師宣布在何時死亡，並詢問家屬有無意見。在我看來那幾秒鐘正代表壽終的一瞬，之前他仍然「活著」，只是「生命品質」幾乎蕩然無存。

　　一個人從健康生活到臨終斷氣，在衛生保健及醫療照護上，正是使用「生命品質」的概念和測量來作評估；其中過程或長或短，但品質一

且低落便逐漸讓人陷入困境，尤其是老病纏身下的「失能」。一般所指失能至少有五項，例如不能自行飲食、穿衣、行走、如廁、洗澡等皆屬之；在此情況下勢必需由他人照顧，家人若無法勝任，就只有住進「養護」機構一途。在國內可以看見「安養」與「養護」場所之分，前者類似西方的養老院，讓行動自如的老人頤養天年；後者的情況則相對悲慘，尤其是中風、失智之類患者，病況不可逆，唯有盡人事聽天命。相形之下，我們還是期待大家懂得年輕養生、老後安養的道理。

二、安　寧

不少人相信死亡是解脫，而擺脫死亡所帶來的身心衝擊，基本上等於是在追求平安善終；本節討論安養、安寧、安樂、安葬的用意皆在於此，其中包括安寧療護與安樂死。現代化安寧療護創始於半世紀前的英國，以獨立於醫院之外的安寧院來照料末期病人，為其減少痛苦，並且避免受到無謂醫療的折磨。無奈此一以照護代替醫療的措施，傳至其他國家卻窒礙難行，因為不涉及醫療就沒有保險給付；委曲求全之道只好把安寧措施收編於醫院之內，並強調採用非積極治療，我國現況正是如此。安寧療護在國內推廣已超過三十年，過去人們多以為送去等死而不接受，近年因納入健保，並通過社會教育普及，已相當有所改善。

由西方國家傳入的安寧療護以「四全」照護為主、「緩和」醫療為輔，四全係指「全人、全家、全隊、全程」的全方位關心與照顧，它源自古代基督宗教以博愛精神照顧病患的崇高理想，至上世紀重新被改造並發揚光大。安寧療護擁護者好談「自然死」，其用意類似孔子所言「盡人事，聽天命」，以無微不至的安寧療程，照應病患令其順應自然離開人世。但是這種作法仍不免受到一定限制，譬如必須確定患者已經不可治癒，且死期不遠，方能分配到相應的療護資源；而一般慢性病因為難以判定預後，遂錯失安寧時機。過去西方安寧病房只收容癌末及愛滋患者，近年已大幅改善，而我們也由癌末擴充至八種慢性疾病。

三、安　樂

如果安寧療護的核心價值是「應盡便須盡」，那麼安樂死的良苦用心便是「寧缺勿濫」下的「自我了斷」。人死不可怕，不死才可怕，苟延殘喘死不了更可怕。人生到頭來該死就順其自然地死固然好，但這種「無疾而終、壽終正寢」的願望可遇不可求；因爲根據統計，至少有四分之一的人死於癌症，而癌末往往痛不欲生，也因此西方安寧療護係始於照顧癌末病患。然而末期病人預後有時長達三個月甚至半年，清醒的人眼看自己一步步走向深淵，雖不時會感恩惜福，像安寧所主張的「道謝、道愛、道歉、道別」，卻也有些會覺得「長痛不如短痛」，寧願提早但有尊嚴地離世，從而選擇安樂死。

病患臨終前可能會面對三種情況：醫師主張治到死、安寧希望自然死、安樂執行提早死。頭一種經常發生，第二種容易錯過最佳時機，後一種目前不合法，卻可列入選項備而不用。安樂死包括醫師致死及協助自殺，前者爭議極大，世上僅有少數國家合法；後者則較常見，記者傅達仁遠赴瑞士喝下別人遞上的毒藥便屬之。簡單地說，執行安樂死的目的是避免活受罪，包括生理及心理上的折磨；安寧措施固然有助於在生理上減少痛苦，但是當病人覺得至此已無甚希望，有意提早解脫，其實可視爲個人的死亡權利，否則他大可直接選擇自殺。總之，讓安樂死合法化以躍上檯面，無非是賦予患者法定權利與更多選項而已。

四、安　葬

華人長期以來受到儒家「愼終追遠」思想的影響，往往舉行厚葬，以實現「入土爲安」；這在地廣人稀、多代同堂的情況下尚無可厚非，但是如今已是寸土寸金且大多數爲核心家庭，再循古制難免不合時宜。「葬」本意爲「藏」，將遺體深藏土中以示尊重，且便於後人祭掃；這

點在農業社會不成問題，工商業發達後卻可能窒礙難行。現代人有時出遠門在外打拼，甚至在異鄉落地生根，同時組成只有兩代人的核心小家庭，一旦要為父母及核心之外更上代料理後事，最好是「保持孝心、簡化孝行；維持禮義、減少禮儀」。想盡量做到一切從簡並恰到好處，最佳選項便是現行法規所提倡的環保自然葬，包括樹葬、花葬、海葬、灑葬等。

雖說人死如燈滅，不妨縱浪大化中，但事實上許多家屬都會感到不捨，此乃人之常情。不過根據殯葬業者的觀察，縱使為父母造大墳年年祭掃，三十年後終歸野草叢生，祖靈也成了孤墳野鬼。理由何在？因為現實中的小家庭只有子女為父母治喪，等到子女也為人父母而壽終，更上一代便無人理會了。既然如此，何必當初？還不如早些交代後事，讓自己和子女均「無後顧之憂」，最佳選項實為環保自然葬。像我母親高齡九十有二壽終內寢，生前交代灑海為安，此後我們每年都會到海邊擲花悼念；即使人在外地，也會找一條河流行禮如儀，心裏想著溪流江河跟大海都是一衣帶水，頓時便得到慰藉。

結　語

為推廣「大智教化」或「新生命教育」的講義教材，再添一篇三章用以「接著講」，主要還是希望深化闡述安身立命與了生脫死的真諦。本書系列文章初稿撰寫之際，恰逢震撼人心的「九合一」選舉；看見一場地方首長及民代的單純選戰打得荒腔走板，且完全不意外地上升至統獨之爭，就必須相信它已屬於獨派政黨的政權保衛戰了。政治立場不同原本稀鬆平常，但是在中華民國卻始終出現國族認同危機，如此便直接衝擊到民眾百姓安身立命之所繫。大智教化或新生命教育主要係為身處民國的成年人而設計，完全無法繞過政治議題，我只好明確表示自己的另類觀解，並樂於接受理性批評。

第十一章

華人家庭教育學

摘　要

　　本章是以本土化教育哲學與生命教育的視野及方向，對於建構華人家庭教育學的可能進行初步試探。標榜華人並非劃地自限，而是清楚對焦，以利躬行實踐。論文共分五節，首節以現行法規界定家庭教育的範圍所在，並肯定兒童本位的重要；次節及三節分別引入教育哲學與生命教育諸多觀點，主要扣緊家庭教育所著眼的倫理教育，將教育倫理和擴充德育的生命教育與之相結合；至四、五節則對一般家庭教育學與作為局部知識的華人家庭教育學稍作闡述，從而提出儒道融通的革新觀點，以破除長久以來獨尊儒術的迷思。至於在時代精神上的考察，則不忘後現代思潮所帶來的家庭衝擊。

引　言

　　創立於臺灣的學校生命教育至今已歷二十二載，我自始便投身其中積極推廣，十一年前更將之擴充於社會及成人教育，尤其是針對教師。近年有機會跟家庭教育對話，將生命課題向下紮根，遂激起對其一探究竟的興趣。在終身學習的時代，人類發展的教育實踐從零歲起便貫穿一生，「家庭—學校—社會教育」甚至形成三位一體，在人生各階段以漸層渲染、潛移默化的方式產生作用，並非像表面形式上的一刀切。於是我們可以這樣說：擁有生命的個人乃是受教主體座落所在，各階段教育流經其中促使其自我實現；而在最新政策課綱中，生命教育至少扮演著德育、群育及人生美育三重角色。

第一節　家庭教育

一、常識觀點

　　一般人對於家庭教育的基本認識，不外都是將之視爲跟學校教育和社會教育共同構成個人一生受教的連續統，而且具有明顯的階段性轉變；例如家庭教育即在學前，而各級學校畢業後不再深造便算踏入社會。這種認知上的區隔雖無可厚非，卻可能忽略掉其中的持續性與重疊性；像子職教育可能維持到成年，而社會人士仍有機會在職進修。此外家庭教育的對象與內容，也可能與人們的常識判斷有所出入；如大家多想像是父母在教養子女，但作爲家庭教育首要內容的親職教育之對象卻是父母。不過話說回來，常識仍頗具參考價值，但並不全然正確，必須通過知識檢證，最終希望能夠產生智慧的效果與境界。

　　我大半生擔任教職，雖屬知識代言人，卻對常識不曾或忘，畢竟我讀小學的啓蒙課正是「常識」。初小的常識後來轉化爲自然與社會，上中學更細分成理化生物和史地公民；再加上語文及藝術，便構成人類知識三大領域。那麼學前教育在教什麼？如今的幼兒園過去叫幼稚園，除了吃喝玩樂，我對之幾乎沒有印象；只是大概調皮搗蛋過了頭，老師向我母親抱怨一人得當四個人管。我自小爲單親家庭，母親好像也沒怎麼教育我，但我絕非壞孩子，孤單成長的環境使我好讀書不求甚解，卻意外讀成大學教授。唯興趣使然而長期教通識課，又涉足生命教育，始終走在近常識遠知識更嚮往智慧的情意道路上。

二、性別與婚姻

本章雖以議論形式撰寫，但在精神和性質上仍屬情意取向；我提倡建構華人家庭教育學，正是基於情意的本土文化考量。欲達此目的，首先必須對焦於何爲「家庭教育」。所幸在國內已法有明文，無需爭議。2003年初政府頒布〈家庭教育法〉，規定家庭教育「係指具有增進家人關係與家庭功能之各種教育活動」，至少包括下列六項：親職教育、子職教育、兩性教育、婚姻教育、倫理教育、家庭資源與管理教育。其中兩性、婚姻及倫理教育，日後更列爲高中生命教育正式課程的一科「性愛與婚姻倫理」，足見家庭教育與生命教育的關係十分緊密。且由此可見，家庭作爲人生受教的起始階段，至少有半數課題涉及生命。

生命教育將性愛與婚姻並列，以傳授相關的倫理道德規範；家庭教育則將兩性、婚姻、倫理三者並列，視爲家庭的基本內涵。這些都是十幾年前問世的法規與課綱，有意無意以異性戀爲前提來討論性愛、婚姻與家庭，卻在2018年底的一場公民投票上，面臨重大挑戰。其中兩案藉「性別平等教育」以向下推廣「同志教育」，另有三案則涉及保障同性婚姻的適法性。結果除另立專法保障外皆遭否決，雖未能撼動傳統兩性婚姻與家庭的基礎，但也預示另類價值與模式的到來，這無疑對建構華人家庭教育學具有一定衝擊。爲未雨綢繆而非亡羊補牢，法規所指「兩性教育」宜朝「性別教育」方向擴充，以多元思維因應未來變化。

三、親職與子職

依常識判斷，家庭教育的主要目的，還是在於把家長視爲教師，向學齡前兒童傳授一些生活基本能力。但是一對父母能生育卻不見得會教養子女，身爲家長、爲人父母的職能也需要學習，這就構成家庭教育的主要成分和前提，亦即家長教育，又稱親職教育。過去基於「男主外、

女主內」的社會分工與刻板印象，親職教育大多指向母職，相對而言父職就顯得想當然耳。時至今日，無論是社會變遷還是家庭形成都呈現多元樣貌，後現代社會和家庭的型態，早已超過人們想像。雖然相較於西方，華人生活模式仍普遍趨於保守，但在西潮不斷衝擊下，家庭及親職教育有必要提早作出全方位的規劃設計，以利下一代順利成長發展。

　　一如學校教育的落實需要先有教師教育或師資培育，家庭教育的成敗也繫於親職教育是否到位；孩子是國家民族的幼苗，不適任的父母極有可能難把孩子教好，等於為社會增添負擔。不過親職教育固然重要，相對的子職教育也不可或缺；此乃〈家庭教育法〉的創新規定，要求為人子女者懂得並力行對待父母及長輩應有的態度和責任。由此可見，家庭教育的對象並不只於學齡前兒童，舉凡未成年人都應該接受子職教育，並以此當作日後為人父母的「職前」修養工夫。放大來看，今日的子女就是未來的父母；親職傳授子職，子職成全親職，親子的代際傳承，反映出文明與文化的生生不息、永續發展。

四、兒童本位

　　個體為成長與發展而接受教養的源頭之家庭教育，雖然可以持續延伸至學校及社會教育內，但其基本的中心任務仍在於關照學齡前兒童，對焦零至六歲的幼兒，並兼及孕母的胎教。回顧整部人類教育史，現代教育的出現其實晚至十八世紀，「現代教育學之父」赫爾巴特的經典著作《普通教育學》甚至出版於十九世紀初；而他心目中的教育學其實是實踐哲學，至於教育也僅指兒童教育。時至今日，教育和教師的對象仍歸未成年人，大專以上則另指高等教育；最明顯的區別就是中學以下教師要接受師資培育並考授教師證方能任教，大專教師則光憑碩、博士學位就有資格站上講臺作育英才。

　　不同於西方學校制度的形成是先設大學，再有中學，最後才出現小學，教育活動則自古便以兒童為主軸，中外皆然，畢竟這才代表未來的

希望。以西方教育思想論，遠的不說，十七世紀的康美紐斯即在其《大教學論》之中提倡嬰兒教育的重要，到了十八世紀有盧梭撰寫《愛彌兒》以鼓勵兒童啓蒙教育，至十九世紀的裴斯塔洛齊和福祿貝爾更對親職教育及設立幼兒園分別作出貢獻，這些都是相信孩子具有天賦潛能而以兒童為本位的先進思考結晶。值得一提的是，二十世紀初期更有一位精神病醫師蒙特梭利，因為診治智障兒童而當上啓智學校校長，後來又創辦自己的「兒童之家」，以實驗性教學建立嶄新的幼兒教學法。

第二節　教育哲學

一、哲學教育學

　　我是純粹哲學學者，在研究方面由科學哲學走向應用哲學，在教學方面則由通識教育步入師資培育，從而涉足屬於應用哲學的教育哲學。在困而學之的情況下，我以撰寫教育專書自行補課，先後完成《教育哲學——華人應用哲學取向》及《教育學是什麼》二書，分別建構自己的教育哲學與哲學教育學論述。教育學如今雖被歸類為一門應用社會科學中游學科，但是它在根源上卻是哲學的分支；現代教育學創始人赫爾巴特本身便是哲學家，他所建立的教育學科係以倫理學為宗旨、心理學為方法，而當時心理學尚未脫離哲學獨立。由此可見教育學跟哲學的深厚淵源，至於眾所周知的哲學暨教育學家杜威之貢獻更不必多說。

　　一如心理學是在十九世紀後期由哲學轉入科學，教育學也在二十世紀步其後塵成為教育科學；但是哲學教育學並未式微，而是以教育哲學之姿構成教育學的基本內容，扮演關鍵角色的當然就是杜威。一般而言，教育學是一門橫跨人文與社會兩大知識領域的應用學科，其基本組成內容包括人文面的教育史與教育哲學，以及社會面的教育心理學

與教育社會學，但這些都算是跨學科的部分；真正讓教育學獨樹一幟的核心知識，只有課程論和教學論兩大分支。「課程」的西文原意為「跑道」，表示在一定的途徑上進行教學活動，才不致失去目標方向；教育學依此而建立，家庭教育學亦不脫此道，只是隱而不顯而已。

二、教育倫理學

家庭教育不像學校教育在體制下照表操課，而是因時因地制宜的隨緣教化。且由於對象主要是學齡前的小娃兒，幾乎無法用說教方式進行，基本上還是採取體驗活動以激發情意感受。有經驗的父母及教師會發現「三歲看一生」，科學家也證實個體在六歲以前的體察能力已達八成；換言之，幼兒還是可以教，重點在於如何教。由於法規載有子職、兩性、婚姻、倫理等教育內容，也顯示應以親職的功能將這些內容施教於兒童。仔細觀之，這些內容多少都跟中華傳統文化裏的「五倫」相呼應，尤其是「父子、夫婦、兄弟」這三種具有血親或姻親的倫常關係。「五倫」的歸納來自儒家教誨，千百年來早已內化於人心。

教育學的分支之一教育哲學可以再細分為教育形上學、教育知識學以及教育倫理學，以示對照於哲學的分支。其中教育倫理學一方面講教師倫理，亦即師德學；另一方面也需要追隨赫爾巴特的傳統指示，探討教育活動與實踐的宗旨究竟何在。這點對建構華人家庭教育學同樣管用，例如思考具有本土文化特色的家庭教育，應該採行西方抑或中國的倫理道德規範以教育兒童。簡單地說，西方倫理主張「異中求同」，不同的人必須遵守相同的道德原則；中土倫理則體現「同中存異」，同一個人在從事道德實踐時必須考量與何者產生「五倫」關係。法規裏的各種教育內容若是通過本土化詮釋，肯定會形成不同旨趣。

三、兒童教育思想

兒童教育思想係指有關兒童的教育思想或哲理,中外都不乏先例,但是目前在兩岸四地華人社會所實施的教育體制幾乎全盤西化,連幼兒教育也不例外,因此論及思想或哲理仍以西方爲重,待後文探討本土思想之際再予以轉化。說到西方哲學家或思想家對日後兒童教育產生重大影響的人物,不能忽略的至少包括十七世紀的英國哲學家洛克、十八世紀的法國思想家盧梭,以及二十世紀的美國哲學家杜威三人,他們分別彰顯了經驗主義、自然主義、實用主義思想。杜威更寫了一部論著《經驗與自然》,從實用觀點提出經驗的自然主義方法,可謂理念上集大成之作,對兒童教育的實踐頗具啓發價值。

經驗主義重視通過身體感官所形成的心智經驗,過去人們還相信人生下來尚有先天觀念的存在,但是洛克卻主張人心如白板,原本一無所有,寫什麼上去就產生什麼經驗,由此可見教育與教師的關鍵性任務。由於經驗主義教育重在灌輸,當以老師爲中心;對此自然主義者並不認同,盧梭便主張讓孩童多接觸大自然,並且順其自然地適性發展,但其自然與人性皆爲善的前提卻不一定都對。首先大自然並無善惡可言,而人性之複雜亦不可一概而論;較佳的教育方式是通過心理學設計課程與教學,激勵孩子找出自身興趣,並且懂得自我反省,這正是實用主義精神,亦即從有效的結果回頭證明學習的適切恰當。

四、兒童哲學

作爲實踐應用學科的教育學在十九世紀初期自哲學中演生,而與教育學息息相關的心理學日後則由哲學中獨立生成,至於社會學更是哲學家所創;換言之,教育的根源在哲學,不但西方如此,中國尊奉孔門儒家尤然。過去的教育宗旨長期受哲學影響,相當晚近才納入科學考量;

不過在孩童啓蒙之初的教育活動中，納入哲學的學習倒是創新之舉。兒童哲學於半世紀前在美國應運而生，哲學家李普曼發現大學生的哲學與邏輯思維普遍欠缺，認爲問題的癥結可能出在兒童未能有機會接受相關思考的刺激，於是展開針對兒童的實驗教學，從而創生一門新學科。兒童哲學並非討論有關兒童的哲學問題，而是爲兒童準備的哲學教育。

　　既然是爲兒童而設計的哲學課程，最佳教學途徑乃是通過抒情以講理，尤其是講推理故事給孩子聽，從而鼓勵他們提出問題，師生共同思考增益。李普曼的作法是編寫哲學小說，先向兒童講授，再由他們主導討論對話。兒童哲學一開始係針對小學生甚至中學生而設，並未及於學前幼兒；且主事者認爲應多方培養兒童的抽象思考及想像力，因此採用文字小說以說故事，但不加入插圖。這種作法受到兒童心理學家的質疑，認爲圖象思考並無礙於抽象推理；尤其近年繪本教學受到普遍歡迎與重視，將之用於增長促進兒童的哲學思辨能力，或許是一件值得嘗試的努力。具體作法可以是先讓家長學習兒童哲學之道，再向下紮根。

第三節　生命教育

一、家庭面向

　　生命教育作爲一項教育政策正式起步是在1997年，由臺灣省政府教育廳規劃國高中六年課程，但剛開始不久就碰上精省而不了了之。後來因爲地震天災而受到教育部重新重視，於政黨輪替後更訂定中程計畫推動施行，範圍擴大至所有學校教育。總而言之，生命教育是爲正式與正規的學校和學生而設，向下紮根或向上發展的家庭及社會教育則可參考辦理。但是個人的生命成長與發展畢竟是一道連續統，各階段都需要接受制式教育或隨緣教化的薰陶。二十多年來生命教育已逐漸取代傳統德

育，十二年國教則將之納入綜合活動領域，集德、群、美育於一體。由
於家庭教育法規的內容跟生命教育有所重疊，適足以進行統整。

　　生命教育既屬整體教育的一環，則涵蓋面向理當遍及人的一生；其
中家庭面向不只限於家庭教育，而是指向個體在家庭中長大成人，進而
成家立業安身立命一系過程。在這種認知下，生命便體現個人發展，而
家庭、學校及社會則代表發展場域。在這彼此相互重疊的場域中，生命
教育適可充分觀照人倫關係的安頓，尤其是納入「五倫」架構的考量。
事實上，經過轉化的新型「五倫」關係，在家庭內以「親子、夫婦」為
主，在學校則注重「師生、同學」相處，而社會上的「朋友」交往更是
大家的普遍經驗。考察人們的生路歷程，基本上都是在原生家庭長大成
人，再組成自己的核心家庭，這些都足以構成生命教育的家庭課題。

二、學校面向

　　經歷了二十二載的建構與經營，學校生命教育終於在2019年以新
課綱之姿，呈現於十二年國教當中，成為普通高中綜合活動領域的必修
課，等於每名高中生都必須接受它的洗禮。新課綱為生命教育提供了五
大宗旨：「哲學思考、人學探索、終極關懷、價值思辨、靈性修養」，
其中前二者係新增，後三者則已推行九年。由於生命教是臺灣原創，用
以取代並擴充傳統德育；因其表述十分正向且無道貌岸然，便陸續被港
澳及大陸所效法，但各地社會型態不同，教育活動乃各有千秋。簡單地
說，港澳臺的生命教育相當受到宗教團體護持，大陸則絕口不提宗教，
而與思想政治教育及心理健康教育相結合。

　　宗教勸人為善，認同並支持生命教育是好事；但是世間並無所謂
「宗教」，有的只是這個教或那個教，而各宗教系統在本質上都會排
外。在臺灣即曾出現有佛教團體成立基金會，以生命教育之名辦學，卻
形成幾乎完全封閉的格局，鮮少跟外界交流，連網站都看不出究竟，只
能說趨於神秘了。但這並非好現象，畢竟生命教育是國家政策，不能自

行其是，更應避免有太多宗教意理涉入；大學教神學或佛學無可厚非，中小學則無論如何少傳教義爲佳。此外還有一個問題，那就是幼兒園甚至托兒所算不算學校？因爲師資培育設有幼教學程，與小學、中學及特教相提並論；如此一來，則幼教老師學習及傳授生命教育可謂名正言順。

三、社會面向

若說生命教育有助於家庭教育，那也是間接的；眞正直接的貢獻仍在於成人社會教育，亦即親職教育。雖然法條裏將親職教育列爲家庭教育的一環，但是從常識角度看，家庭教育主要的訴求對象還是小朋友；至於家長乃是大人及社會人士，親職理當屬於社會職能，或說是有關家長職能的成人教育。「社會」一說雖爲日本人所提，但早在宋代便曾出現，「社」指神廟，「會」表聚集；人們在神廟前聚會以討論重大議題，便具有一定社會意涵。至於西方社會學在十九世紀末傳入中國，最初的譯名乃是「群學」，以群體相對於個體，之後才改稱關注大眾事務的「社會學」；但事實上，「群學」似乎更能準確表達對社會性活動的探究。

平心而論，家庭作爲由父母和子女所組成的共同生活基本單位，其實也算得上是一個小群體或小社會。其中以母職爲主、父職爲輔的親職作用，對孩童的成長具有相當的關鍵影響。而親職教育若採用家長參與、親師合作加社區關係的方式進行，更需要涉足兒童的教育場所，包括幼兒園及托兒所。生命教育在社會面向上推動家庭教育，於宏觀宜多介紹生命教育的義理與意理，讓家長見樹也見林；於微觀則將生命理念融入諸如「父母效能訓練」、「有效父母系統訓練」等活動中，讓倫理關係與教育輔導進行對話，把父母訓練成一對好老師。具體作法可以爲期望學習的父母開設工作坊或培訓班，以傳授生命奧義，開創親職境界。

四、華人面向

一如「素質教育」爲中國大陸所原創，「生命教育」乃肇始於臺灣；由於字面意義既正向且親切，不久便擴散至所有華人世界，最終各自形成重要的教育政策。雖然在西方偶爾也會聞及生命教育，但皆未蔚爲風氣，更不曾構成政策；因此可以說生命教育是純然華人社會的產物，主要用於代表德育的方向。「德、智、體」三育的提倡來自十九世紀英國哲學家史賓塞，但是他特別看重以科學爲中心的智育。由於基督宗教傳統深厚，洋人一旦要實施倫理道德教育，也是盡量向信仰靠攏，這跟中土文化言必稱孔孟大異其趣。孔孟的言行代表傳統儒家教誨，由於將「君臣」和「父子」相提並論，從此令帝王家很樂於「獨尊儒術」。

從漢代君民尊崇儒家至今已歷兩千餘年，忠孝仁愛的思想早已內化於人心；尤其是孝道的提倡，更是華人家庭教育的核心價值。但是這一套傳統價值乃形成於先秦封建時代的農業社會，當時社會階級與家庭尊卑分明，由此產生的家教規範，不見得完全適用於當今時代。爲求與時俱進、推陳出新，用於家庭教育的生命教育之華人面向，有必要作出一些修正與擴充，以納入另類及新興價值。我主張「後科學人文自然主義」的教育哲學思想，以打造「後現代儒道家」的「知識分子生活家」人格典型。欲達此目的，套句對岸的說法，必須「從娃娃抓起」，也就是從小教起。對此我建議華人家庭教育至少應納入道家思想與作法。

第四節　家庭教育學

一、心理面向

　　家庭教育是個體一生所經歷的三大教育型態之首，之於人格養成及有效社會化具有決定性作用。但是一般民眾對於家庭教育的認識，有可能只具備常識之見或刻板印象，有必要以相關學理與法令稍作釐清。依常識看，家庭教育其實只是子職教育，亦即父母對於學前子女的教養與啓蒙，這是就對象而論。然而一旦放在家庭這個生活場域中看，它乃是人們終其一生安身之所在，相對應的教育任務也就擴大許多，像親職教育便屬成人教育。有學者認爲家庭教育應歸於社會教育的一環，而西方所指的社會教育卻是社會科教學，至於我們所想像的型態則列爲成人教育。此外在美國更有「家庭生活教育」，以安頓社會變遷下的家庭。

　　值得一提的是，「家庭生活教育」英文原辭中的「生活」也可直譯爲「生命」，如此一來亦得以指家庭中的生命教育。但無論如何，家庭教育在臺灣早已於法有據且規定明確，大可作爲建構華人家庭教育學的根本基礎。我提倡建構本土化家庭教育學，其根源仍來自西方；它乃是一般教育學的分化延伸，同樣擁有歷史、哲學、心理、社會諸分支。在心理面向上，家庭教育學至少要善用教育心理學、發展心理學及社會心理學知識，以改善家庭中的子女學習、身心發展和人際互動。心理學原本屬於哲學，自立門戶僅有一百四十年，卻益發向科學靠攏且努力擺脫哲學影響，這點在西方無可厚非，於華人則大可不必。

二、社會面向

生命教育列爲國家教育政策後，已發展成高中必修課程，與生涯及家政教育並列；其宏旨不脫哲學與心理學視野，卻未多言社會，因另有社會科教學。但這是指官方觀點而言，一旦放在學校之外，大可採行民間立場，「各自表述、各取所需」；像我就曾經設計一套「生物—心理—社會—倫理—靈性一體五面向人學模式」，用以開拓生命教育的方向。其中社會面向便提出「家庭觀、社區觀、國家觀、世界觀」四者來次第考察。這其實是傳統儒家「八目」教化的現代版，主要針對「齊家、治國、平天下」後三目而論；因爲發覺現代人已難以直接治國平天下，乃加上「參與社會、服務社區」一環以示永續發展。

國內有學者從社會學取向建構家庭社會學，提出社會化、角色理論、人力資本、文化資本、社會資本、社會階層化、社會變遷、家庭結構、父母管教、家長參與學習、父母教育期望等課題；其中社會化與社會角色的議題，經常被人們拿出來討論。人是社會動物，孩子三歲看一生、六歲定八成，如果不在學齡之前順利將之導入社會，並貞定其各方角色，日後的成長發展難免會出問題。不過家長對幼兒的家教到底要深入到那一層，其中爭議仍大。例如前此公投希望將性別平等教育中的同志教育儘早落實到家庭中，就被社會大眾所否決。畢竟性別角色的貞定還是要循序漸進，何況同志的性別取向仍屬少數，入學後再教並不嫌遲。

三、倫理面向

後現代社會接納多元成家，並不意味傳統的家庭觀念以及配偶選擇的基礎已經過時，更不應誤導人們形成似是而非的「原罪」心態。既然〈家庭教育法〉明定出兩性、婚姻及倫理教育爲家庭教育的範圍與內

容，就讓我們適足以通過教育哲學和生命教育的理路，去思考各種相關的可能與限制。首先法規表明是講兩性與婚姻，而這不但屬於「五倫」中的夫婦倫，也反映出傳統文化與社會對於「男大當婚，女大當嫁；不孝有三，無後爲大」的基本要求。此等要求可視爲古人對於修身齊家的成全，且在無形中存在著男尊女卑的觀點，到如今當然有必要加以批判。但現實中大多數人似乎仍以此爲判準標竿，去追求成家立業的理想。

　　人生乃是單行道與不歸路，因此必須愼重從事「存在抉擇」，舉凡求學、就業、成家等重大階段，都不應該人云亦云、隨波逐流。完成存在抉擇要進行有效思考，思考有垂直和水平兩個方向，一般人所作的選擇多來自垂直思考，亦即站在同一個立足點上進行因果思考與選擇。舉例來說，媒體廣告多見各種買房買車的商品，讓消費大眾從事「多樣」的選項；但是商人絕對不會提醒人們作出水平式的「多元」選擇，那便是先決定是否一定要買房買車。後現代人生已不只是「結婚生子」單一選項，「結婚無後、不婚不生、非婚生子」都有可能，這正是眞正的多元；至於同志成家，只能視爲婚姻關係的另類多樣選擇。

四、靈性面向

　　生命教育的永續發展受惠於教育哲學的多元思考與探索，最新的官方生命教育宏旨添增上「哲學思考、人學探索」兩項並非偶然，而是確實有其需要。早在本世紀初我便提出「一體五面向人學模式」，以靈性面向彰顯人學的最高境界。人學在西方係與神學相對，在中華文化的脈絡中則體現出「人文化成」的文化傳承精神；至於西方的靈性境界多指宗教信仰，於中土大可反映出非宗教的人生信念價值。本章提倡建構華人本位的家庭教育學，認爲華人家庭的核心價值不在於西式宗教信仰，而歸本土人生信念。此一信念長久以來皆奉行儒家思想與教誨，到如今可以朝「儒道融通」的方向轉進，將道家精神列入。

　　靈性即是精神性，一般多認爲中華文化的靈性精髓包括儒道佛三家，但是佛家的根源在印度，經過本土轉化後得以與道家相呼應；尤其是形成於中土的禪宗思想，宗教學者傅偉勳對於道家與禪宗結合的「心性體認本位」生命學問推崇備至。生命教育所傳授的正是生命學問，這並非認定眞僞的知識學習，而屬價値判斷的情意體驗，其最高境界便是靈性開顯。家庭教育的成敗繫於父母有效教養子女，這又需要親職教育眞正到位，否則容易上樑不正下樑歪。親職教育屬於成人及社會教育，必然涉及受教者的社會與文化背景；像華人父母如何在孝道氛圍中教養子女，就完全不是西方模式足以涵蓋，建構本土家庭教育學此其時矣。

第五節　華人家庭教育學

一、義理與意理

　　家庭教育學可視爲教育學的分支，而華人家庭教育學則足以建構成家庭教育學之下的「局部知識」；即指一時一地之產物，無需放諸四海皆準。建構的目的主要爲形成一套適用於華人社會，能夠有效操作的家庭教育，包括法規中所訂定的親職、子職、兩性、婚姻、倫理、資源管理諸課題。局部知識是後現代產物，質疑宏大敘事的一體有效性，尤其是涉及民族文化的現象與活動。例如西方人雖然也懂得敬愛與照料父母，但完全沒有華人孝道的倫理規範；在民國以前，不孝甚至觸犯法律，這讓洋人難以理解，卻深深內化於華人身心。爲建構此等局部知識，需要先貞定其中的義理與意理，亦即觀念思想與行動信仰。

　　我長期推動生命教育，早年將生命學問傳授給學生，後來逐漸轉向老師還有校長；讓領導者得到啓發，政策推行始能事半功倍。近年我拈出自己的教育義理與意理，稱爲「大智教化」或「新生命教育」，用

以自度度人。這是一套取代宗教信仰的人生信念，以儒道融通的核心價值，通過學校教育與家庭及社會教化，培養進退自如、收放自如的「知識分子生活家」，於儒家憂患與道家閒適之間，執中道而行，無過與不及。傳統農業社會的華人家庭多屬擴大家庭，數代同堂尊卑排輩不容含糊；到如今走進後現代工商業社會，核心家庭已成主流，它主要為生親家庭，但單親、繼親、隔代教養、外配、特殊兒童等情況，同樣不可忽視。

二、現代華人家庭

近年「後現代」的說法此起彼落，不少人朗朗上口卻不明究竟。用最簡單的話說，後現代精神可概括為「質疑主流、正視另類；肯定多元、尊重差異」，此主要乃針對「現代性」而論。但是要理解後現代不能只看字面，因為後現代與現代既「歷時」又「共時」；後現代固然生成於現代之後，但現代並未終結，而與後現代並存。較佳的認識是，若僅指時序則目前最好稱「當代」，而把「後現代」視為當代之中一股批判「現代」規準的反動；現代性傾向整齊劃一格局，後現代性則體現多元拼貼效果。以此考察現代華人家庭，恐怕非但達不到後現代程度，尚且停留在前現代階段；此指父母的教養觀，仍受制於古老儒家的家訓傳統。

家訓傳統的教化核心在於「倫常」，由此生成「上尊下卑」和「嚴管勤教」之類不對等的單向關係，這點在安土重遷的傳統農業社會之宗族或家族中尚能有效操作，到如今步入現代化工商業社會的小型核心家庭，親子關係甚至被視為「類師生關係」或「類平輩關係」。這已在一些實證研究中得到佐證，尤其是教育水準較高的族群，更傾向於認同與支持。換言之，在時代演進和社會變遷情況下，傳統的親子倫常垂直關係已經鬆動；當然它不可能變成水平關係，但仍足以形成斜向關係，以呼應上述的「類」型。由此可見，現代華人家庭若要堅持傳統儒家式的

家教、家訓及家法，恐怕窒礙難行，向道家偏移或許是可行途徑。

三、新親子關係

歷史上的道家可視爲儒家的諍友，尤其在生命情調的抉擇上；讀書人面臨治世或亂世，選擇仕隱出處之道，往往就是在儒道之間擺盪，陶淵明、白居易、蘇東坡三大文人的遭遇即爲明證。到了二十一世紀，儒道融通的「新親子關係」已然成型，父母面對子女成長發展的需求，不能再以不變應萬變，必須與時俱進、推陳出新，不斷修正彼此的關係，使之始終保持在良性互動的情況下。新親子關係的考察需通過「新關係主義」的視角契入，而新關係主義確立又來自「關係主義」的轉化與升級。上世紀四零年代，社會學家費孝通對中國社會進行田野調查，發現華人的交往模式出現「差序格局」，依親疏等級關係予以分別對待。

這其實並非新鮮事，因爲西方社會看重個人自主，重大價值判斷往往訴諸信仰而非長輩，天父比生父更重要；相形之下，中土的人際互動主要看「關係」而定，「君臣、父子」的倫常關係更屬重中之重。自主或自律乃是西方四大倫理原則之首，另三者則爲無傷、增益與公平正義，這些原則均不爲華人所熟知，必須等到西學東漸之後才逐漸產生影響力。像「子女自主發展」的課題，在家庭教育中必須予以正視和重視，而這已經是相當晚近的事情。自主發展當然在青少年以後，但是需要從小鼓勵而非打壓，這點對不少華人家庭與父母都構成一定挑戰，華人家庭教育學遂有必要爲改善新親子關係作出貢獻。

四、文化傳承

建構華人家庭教育學並非劃地自限或標新立異，而是民族自省及文化傳承。西學東漸後，終於在上世紀初廢除科舉考試，整個中國的教育理念與實踐，都發生了翻天覆地大轉變和大革新，結果卻走向全盤西化

的道路。西式教育搬來中土不是不好，而是不足，更可能不相應。一百多年過去，兩岸四地先後受到資本主義洗禮而達於繁榮富裕的境地，反身而誠，反璞歸真，已到了該讓家庭教育改弦更張的時候了。具體作法是把傳統儒家教誨去蕪存菁、推陳出新，並且納入道家的教化智慧，使得家庭教育顯得更為親切踏實、平易近人。什麼是道家式大智大慧？近年北京師範大學出版《莊子道德教育減法思想研究》提供了部分答案。

一般華人大多以為倫理道德教育是儒家專利，孔孟之徒竭力以加法教人成聖成賢，道家老莊卻反其道而行，主張以減法絕聖棄智，等於明目張膽反對教育了。殊不知道家的苦口婆心正是因為看見儒家的盲點，而提倡反璞歸真。胡適曾把儒家和道家分別歸類為人文主義及自然主義，大致不差；道家對人的看法可以跟盧梭以降的自然主義兒童教育相呼應，認為人性深層具有自然純真的一面，應該加以開啟彰顯，而非被人為的倫理道德框架所遮蔽。在新親子關係的呼喚下，親職和子職教育都應該反省是否要重新出發。創新不一定要標新立異以譁眾取寵，向古人借智慧也是可行途徑，「儒道融通」以打破「獨尊儒術」便是一例。

結　語

本章嘗試通過本土化的教育哲學與生命教育視野及方向，言簡意賅地提出一套華人家庭教育學初步論述，以利日後進一步深化建構。既然標榜為「華人」所用，很自然地便走向「局部知識」，且屬於「生命學問」。家庭教育在中華民國於法有據，規定範圍覆蓋家庭內的親職、子職、兩性、婚姻、倫理、資源管理諸方面的教育課題，而這些課題在現實生活中的實踐，多少都可以發現傳統儒家思想的影響所在。但是如今的後現代多元華人社會，光靠傳統儒家教誨已不足因應，必須與時俱進，先採行「儒道融通」的策略，再納入對後現代精神的考量，以「後科學人文自然主義」作為建構華人家庭教育學的根本思想，方能永續發展。

第十二章

後設生命教育

摘 要

本章列在全書之末，既有形成總結的作用，亦得呼應我在十餘年前的舊作；以《生命教育概論》和《新生命教育》前後對照，或足以讀出我的生命學問之轉化、擴充與升級。受到官方生命教育新課綱的啟發，本章乃嘗試借題發揮，將課綱所列「哲學思考、人學探索、終極關懷、價值思辨、靈性修養」五大宏旨或核心素養，逐一加以考察並引申闡述。新課綱的精神和特色，乃是更向基本哲學或純哲學靠攏，而將應用課題移交其他類科或領域。面對此一立場，我的態度有所保留，且仍然擇善固執地走在「華人應用哲學」的道路上。我所提倡的「儒道融通」之「生命情調的抉擇」，可視為新生命教育的核心價值。

引 言

我所構思的「新生命教育」又稱「大智教化」，屬於官方「生命教育」的民間版、成人版、擴充版與升級版。生命教育歸中學以下的學校教育，1997年由臺灣省教育廳推動施行，兩年後精省換中央接手，首度政黨輪替更列為教育政策，依中程計畫設置高中正式課程。2004年課綱草案出爐，我見其中有所不足，乃著書予以批判。2010年起高中生自八科十六學分中選修一學分，九年後則改列綜合活動領域必修課。新課綱不再分科，而以五大「核心素養」為依歸。這些素養皆圍繞哲學而發，其中首要的「哲學思考」揭櫫「後設思考」，以示「對思考進行思考」，很適於作為本書結論。反思之為大用，正是應用哲學的真諦。

第一節　哲學思考

一、理則學

　　本世紀初首版課綱草案問世，我視其既西化且保守而予多方批判，竟意外撰成一部專書。十四載後新課綱納入十二年國教綜合活動領域課綱內呈現，言簡意賅，更易於揮灑。新版提出五項核心素養，列「哲學思考」為首，言明它「是探索並養成生命教育其他四項素養所不可或缺的要素」；其下分「思考素養」以「進行人學及人生三問的探討」，和「後設思考」以「不斷發展與精進自身對思考的理解與實踐」。它強調「正確思考的情意與態度」是「立場不必中立，態度必須公正」的理想，在相當程度上呼應了本書的寫作初衷，乃以「後設」立場向新課綱借題發揮，通過對其多詮釋少批判，從而轉化為本書結論，以示飲水思源。

　　回顧舊課綱十分西化，更傾向保守；猶記當年「性愛與婚姻倫理」一科的課程規劃設計竟出自神父之手，可謂不知今夕是何夕。如今新課綱仍維持一貫西化風格，但受限篇幅而精要許多；何況自八科十六學分刪減成一科一學分，也只能點到為止。見其中「哲學思考」一上來便扣緊學習西方邏輯的思考方法，並涉及後設反思，雖無可厚非，但不應無限上綱。蓋明理思考人人會用，否則生活窒礙難行；學習邏輯頂多形成自覺，小心謹慎而已。邏輯作為哲學的分支學科，在我國稱「理則學」，因為此說由孫中山所創。邏輯講究通過論證以推理，亦即思維方法；常見的有演繹法、歸納法、辯證法三者，但其效果不盡相同。

二、心理學

我習哲學專攻科學哲學，碩、博士學位論文皆研究英國哲學家波普的思想；波普終其一生主張嚴謹的理則學只有演繹法，歸納法僅屬一廂情願的心理效應，至於辯證法則根本算不上邏輯思考。此一論點實與其他科學哲學家大異其趣，因為他人多受培根所提倡「科學方法」影響，認為科學實驗的結果正來自歸納。用最簡單的例證解釋歸納思考，那便是「貨比三家不吃虧」，意指通過多方經驗測試可以得出一定結論。大多數人都同意此道，波普卻發現事情永遠有例外的可能，當下定論僅屬一廂情願；而演繹法便無此漏洞，因為其結論包含在前提內，不會出現意外情況。波普一出道便嚴格分辨理則學與心理學，正為其思想特色。

在學術研究和思維推理上謹守邏輯分際並不為過，但日常生活尤其是從事生命學問，太多「講理」要求而忽略「抒情」工夫不免遺憾，何況連邏輯本身都不乏心理效應。生命教育既然傳授的是生命學問，於認知面向外尤其要善用情意面向；過去教國中小學生多以體驗活動為主，這點對高中以上的受教者甚至成年人同樣管用。新課綱再三強調「正確思考」的重要，但退一步想，「正確」與否當下並不見得能夠判斷，事後才足以證實，「蓋棺論定」便屬此意。其實人生在世所走的每一步，眼前只知「恰當」與否；正確必須有客觀事實認定，恰當僅屬主觀感受體察。由此可見，最佳的哲學思考是理則學與心理學並重，無所偏廢。

三、知識學

討論哲學思考卻提及心理學是否不妥？其實不然，因為心理學在西方自古以來便屬於哲學的分支，直到一百四十年前的1879年方才獨立成為科學學科。心理學的原意乃是「研究靈魂的學問」，為古希臘哲學家亞里斯多德多所發揮，兩千多年來的研究對象，由靈魂一路轉為精神、

心靈、意識、行為、認知等課題，至後二者始歸為科學探究。目前哲學系核心課程中仍有「知識論」一科，主要考察心靈和意識如何認識世界並形成知識。但是此一問題如今足以另行交由心理學及認知科學加上神經科學甚至計算機科學處理，哲學能夠著力之處反倒是科學哲學，亦即科學知識的哲學考察，因此「知識論」實應正名為「知識學」方是。

　　一般人心目中對嚴謹知識要求的條件乃是「實事求是、無徵不信」，最符合此一標準的當然為科學，而且尚有自然科學和社會科學的程度之分；至於跟科學相對的，則是不算科學的人文學。自然、社會、人文現今已構成人類知識三大領域，同樣也都列入十二年國教的學習領域中。知識學與科學哲學攜手探究「知識」的性質，乃是上個世紀的事情；而早在四百年前，笛卡兒便以「我思故我在」的命題追問「認知」過程。人們通過思考以認知，結果形成較為客觀的「真知」，以及傾向主觀的「意見」，從而產生事實與價值二分。「價值思辨」於生命教育核心素養單列一項，希望引領學子將此等分判活學活用於生活之內，勿使混淆。

四、哲學學

　　政策所推動的學校生命教育，不但要求高中以上學生進行哲學思考，更鼓勵大家從事後設思考，亦即針對思考的思考。採取「後設」立場是哲學的獨到方法，早在古希臘亞里斯多德便寫出有名的《後設物理學》，從而構成哲學四大核心分支之一的「形上學」，另外三者則為「知識學」、「倫理學」及「美學」。哲學在西方作為一門古老學科原本無所不包，以至於中世紀大學所頒授的最高學位皆稱「哲學博士」，此等傳統一直延續至今。「後設」的原意乃是「站在後面、上面或外面」，這是一種置身事外看問題，以免不識廬山真面目、見樹不見林的超然立場；但是站太遠卻有可能看不見問題，「後設倫理學」便是一例。

「倫理學」又稱「道德哲學」，主要爲傳授各種倫理道德規範讓世人有所遵循，因此自始便被列爲實踐哲學，而與理論探討相對。西方人講道德規範多少會涉及宗教信仰，當社會科學興起後，其中的人類學從田野研究中發現，不同民族文化信仰下的規範實踐可能大異其趣，必須加以科學描述及記錄。上世紀中葉前後分析和語言哲學問世，開始後設地鑽研各種道德規範用字遣詞所蘊含的意義，卻陷入咬文嚼字、吹毛求疵的地步，距離實踐初衷遠矣。後設不等於無限後退及後推，而是希望退一步海闊天空。像「後設哲學」又稱「哲學學」，可以讓哲學家看見自身努力的可能與限制。本章講「後設生命教育」，也具有同樣目的。

第二節　人學探索

一、身與心

生命教育終究必須正視與重視人的生命、生存、生活與生死問題，這便促成了「以人爲本」的人學探索途徑，且列爲學生的第二項核心素養。人學就是人類學，如今尙有哲學系開授「哲學人類學」，又稱「哲學心理學」。就像心理學科學化以後被列入社會科學，人類學也是同樣，於是在華人學界就把「哲學人類學」改譯爲「人學」，以示跟科學取向有別。但是往深一層看，西方的「人學」探究其實是跟「神學」相對，最終凸顯的乃是「天人二元」，此與中土文化追求「天人合一」的理想境界大異其趣。不過無論如何東西雙方都對人本身充滿關注，生命教育更標榜「全人人學的基本素養」，對自我、主體、人性諸課題無所偏廢。

既然人學涉及哲學多於科學，其探索可以先從哲學最根本的議題之一入手，那便是如今歸於形上學的「身心問題」。人有心靈意識狀態自

不待言，更同時意識到還有一個承載及體現此一狀態的身體之存在。身心問題追問的是，二者究竟是一回事還是兩回事？歷史上出現不少唯物或唯心的觀點，笛卡兒則主張身心各自爲政的二元論；最奇妙的是我長期研究的波普竟倡議三元論，於身心之外加碼納入各種文化產物。考察哲學理論的分類，不外「本體論、認識論、價值論」三者；身心問題在本體論上是否一與多純屬理論旨趣，倒是在認識論上將內在的身體與心靈同外在的文化性事物視爲互利共榮，或可在價值論上創造意義。

二、情與理

早於本世紀初我便在《醫護生死學》一書內，提出「生物－心理－社會－倫理－靈性一體五面向人學模式」作爲書寫架構；「一體五面向」是指被視爲「全人」的整體，可以從五方面去考察。例如我們常聽說「人是社會動物」，但是猿猴和螞蟻亦屬之，究竟「人之異於禽獸者幾希」？孟子認爲應以「四端」來分判，西方則強調「理性」的有無。理性思考一般指的就是作出合乎邏輯的思考與判斷，不應情緒用事；但是從事實與價值二分的情況看，「抒情」的價值並不亞於「講理」。事實有「眞僞」之別，價值則訴諸「是非、善惡、對錯、好壞、美醜」之辨；情與理在人身上同時具備，重點是必須用得恰到好處。

值得深究的是，華人遇事心裏想的順序爲「情、理、法」，洋人卻倒著看，這其實跟東西方對倫理道德的立場相呼應；西方人「異中求同」謹守原則，中國人則「同中存異」講究關係。所謂「見面三分情」在我們的社會內隨處可見，不守法的情形也相對較多。人學探索的目的是教育學生瞭解「主體尊嚴與自爲目的性」，這無疑是對個人存在的肯定與彰顯；但發揚主體性不宜自我膨脹貶抑他人，較佳態度應貞定「互爲主體性」，亦即「肯定自己，尊重別人」。華人重感情、有人情味不是壞事，不過需要善用之；具體作法便是教育人們多從事後設思考，把理性視爲高度的情意感受，屬於發散情意之下的收斂工夫。

三、陰與陽

　　人學探索以人爲本，新課綱推動反身而誠的自我觀，追問什麼是我？我又是誰？將東方的集體思維導向西方的個體認定，無疑是身心成長一大增進。但是仔細觀之，人並非僅通過自我觀照便足以洞悉一切，畢竟世上還有別人，尤其還分男人與女人。男女性徵明顯可見，家庭教育也據此分別對待；此乃社會化過程，一般情況下不構成問題。但是人間仍有少數族群，基於遺傳或環境種種因素，產生不同的性別認知，整個社會理當慎重其事。性別與性徵不盡相同，性徵是生理上的男女之分，性別則歸心理及社會上的陰陽之別；後者屬於角色認定，例如男人扮演陰柔角色，而女人擁有陽剛氣質等等。

　　性別角色結合情欲流動遂產生「同志論述」，近年蔚爲流行，以至醞釀出2018年底五大有關性別的公投議題；雖然結果仍顯示保守力量占上風，卻在無形中爲性別平等教育裏的生命主題上了一課。後設地看，人除了男女之分尚有陰陽之別，過去鮮少被提及，這回卻在公投的政治與社會行動上，引起人們的正視與重視，不啻爲一大進步。我一向認爲，倘若類似同志成家等議題都上得了檯面，則安樂死合法化的推動沒有理由閃閃躲躲，正大光明地攤出來爭取才是上策。人死如燈滅，從此陰陽兩隔，人鬼殊途；主張盡量活好當下的現世主義，也是值得提倡的人學探索。華人世界的陰陽觀呈現多重意涵，有待人們深化考究。

四、人與天

　　人學考察一旦加以深化，就必然會遇上天人關係的問題；人死固然被形容成「天人永隔」，但是西方宗教信仰的「天人二元」，與中土人文信念的「天人合一」，究竟該當如何觀解，需要進一步探索。天人二元指的是人跟代表天的天主或上帝絕對是兩回事、兩種境界，不可能像

東方人所講的「立地成佛」，甚至「狗子也有佛性」。人可以仰慕神，卻不可能成爲神，因爲神具有「超越性」，非人所能企及。另一方面，人只要通過修行、修練或修養，就有機會成爲聖賢或佛菩薩，這是因爲聖人或佛心體現出人的「內在性」，歷經一定的修持便得以彰顯。這種天人關係的不同，反映出東西方文化的重大差異，在哲學及人學上都具有深意。

　　本書是我以積多年生命教師經驗的身分，秉持「後科學人文自然主義華人應用哲學」觀點，用以推廣「新生命教育」的論著。在下筆行文之間，我一方面認同官方生命教育所揭示的「立場不必中立，態度必須公正」原則，另一方面也希望稍加修正擴充。哲學思考與人學探索既有認知成分更涉及情意感受，立場不必中立理所當然；但是態度必須公正的說法其實傾向陽剛，可予陰柔轉化以利與時俱進。蓋「公正」乃指「公平正義」，反映出西方自古至今倫理道德判斷的基本原則，原本並無疑義；但是上世紀八零年代主張陰柔的「關懷倫理」自女性主義思潮中脫穎而出，希望消弭「正義倫理」一貫陽剛特質，頗具振聾啓聵作用。

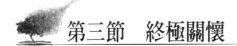

第三節　終極關懷

一、快樂與幸福

　　「終極關懷」之說來自當代美國存在主義神學家田立克，但其原意與關心照顧意義下的「關懷」實有不同，理當理解爲嚮往仰之彌高對象的「關注」，以示對信仰或信念的最高期盼。源自歐陸的存在主義呈現有神與無神之分，二者皆面臨個體對「存在抉擇」的焦慮；有神的田立克主張貞定「存在的勇氣」，使生命持續存有而非陷入虛無。新課綱對

此論及快樂與幸福、人生與人死，並表示應「以人生終極信念爲指引，貫徹在生活的價值思辨與日常抉擇中，提升人格統整與靈性修養」，等於說明了生命教育後三項核心素質彼此的關聯。這種聯繫也出現於傅偉勳所構想的「生命十大層面與價值取向」模型內。

傅偉勳指出，生命最高三層分別爲「實有主體、終極關懷、終極眞實」，而在其下七層皆屬世俗世間的價值取向，即使獲得解決，也無法保證「有了眞實的精神寄託，找到了安身立命的歸宿」。他的解藥爲宗教信仰，卻發現「儒家與道家對於……超越性的宗教問題無甚興趣，頂多存而不論而已」；這是因爲儒道二家秉持現世主義，安於世俗生活。世俗生活追求一般性的快樂與幸福，倫理學之中的效益論甚至強調，應該盡量爲大多數人帶來最大的幸福感；像臺灣的「九合一」選舉，百姓以選票反映對經濟重於政治即是例證。快樂或爲一時，幸福可長可久；但宗教信仰更嚮往的至善與至福，就非世俗人們所能企及。

二、生活與生死

我所提倡推廣的「大智教化」或「新生命教育」，期望自度度人以「安身立命」及「了生脫死」；此乃人們對於生活與生死的世俗關注，不必然涉及超越性對象，卻足以產生內在性效果。無神的海德格曾指出「向死而生」的妙諦，似乎在教人應學得「置之死地而後生」；我涉足生死教學近四分之一世紀，並未覺得此等現世觀解有何不妥。現世主義不屬於宗教信仰，但可視爲取代宗教信仰的人生信念；這點在少受西方觀點所影響的中土文化內尤其明顯，「儒道融通」便足以貞定生活與生死。正是在這一點上，我跟傅偉勳的觀點有所出入，卻可能殊途同歸；他是引領我進入生死探索的前輩，其終極關懷值得進一步反思。

傅老的生命模型通過十大層面的考察，得出「從宗教的獨特觀點去探討死亡問題及其超克，最適當不過」的結論，對此我可以理解並尊重。但我始終認爲「宗教是團體活動，信仰屬個人抉擇」，一個人可以

選擇信這個或那個教，也可選擇不信教；不信教的人仍然能夠由衷形成自己的人生信念，正信且非迷信地活下去，死而後已。仔細觀之，「生命十大層面模型」跟我的「一體五面向人學模式」其實有異曲同工之妙，只是他分列得更細緻，其內容包括：「身體活動、心理活動、政治社會、歷史文化、知性探索、審美經驗、人倫道德、實存主體、終極關懷、終極真實」十大層面，他主張宗教信仰即為探究終極真實。

三、宗教與信仰

我再三強調，宗教與信仰是兩回事，分別歸於團體活動和個人抉擇；且「宗教」一辭純屬概念，具體活動勢必落實在個別教團之上，從而造成排他性。團體一旦排外就容易走向黨同伐異，政黨如此，教團亦然。民主國家的政黨競爭必須依法行事，我國基本到位；但是一部〈宗教團體法〉折騰了近二十年仍難以立法，就是因為各大宗教系統無法取得共識，甚至有宗教領袖認為教團辦的是神聖事業，容不得採用世俗法令加以框限。這儼然已回到古老思維裏的教團凌駕於政府和人民之上，可謂不知今夕是何夕。正是看見教團這種既排外又排他的心態可議，蔡元培才竭力主張「以美育代宗教」，化戾氣為祥和。

當然宗教勸人為善，度化信眾，不見得充滿戾氣；但是自古至今所出現的各式各樣宗教戰爭也是事實，目前只能通過對話以化解張力。作為從小在充滿宗教氛圍中長大的哲學學者，甚至一度皈依受戒，我重視的乃是個人抉擇下的信仰真諦，卻對團體活動一向敬而遠之，以避免受其宰制。近年我逐漸有所領悟，決定反其道而行，遂以反諷之姿創立「大智教」或「人生教」，自許但不自詡為「教化主」；自許是衷心期許，自詡卻是大放厥詞，後者非我所樂為。人生教不是唯我獨尊、高高在上的神祕宗教，而是清風明月、雲淡風輕的世俗教化，教人習得「後科學人文自然主義」的奧義，於安身與了生二事自我貞定而已。

四、人生與信念

　　基於官方生命教育「立場不必中立，態度必須公正」的原則，我必須承認自己所倡議的新生命教育乃屬一偏之見；著書立說只希望善結有緣人，至於道不同者則不必為謀。問題是我的立場似乎無足輕重，官方說法卻形成為政策，讓國內每一名高中生都必須受教，這便茲事體大。十餘年前舊課綱草案一出爐，我便迫不及待寫出近十五萬字專書加以批判；事過境遷加上時不我予，如今新課綱頒布，我只打算借題發揮，以期能夠「各自表述，各取所需」。我的立場很清楚：首先是「本土化」，認為西式觀點不能照單全收，必須予以批判轉化；其次是「另類化」，認為主流的儒家傳統仍屬意識型態，必須通過道家解構融會。

　　官方所實施的學校生命教育，其實是傳統德育的取代與擴充，原本在高中階段規劃了八科十六學分課程，雖為選修，內容卻相當豐富。無奈到如今被收編進綜合活動學習領域，即使列為必修，也不過用一學分來泛論五大核心素養，不知效果何在？尤其將過去的兩門應用倫理科目「融入」到其他類別或領域去，等於將最務實有用的內容拱手讓人，而專講些陳義甚高的課題，恐難免曲高和寡，作法值得商榷。由於新課綱已經啓動，我也只能從善如流，同時盡量借題發揮；像拈出安身與了生的人生安頓，並且倡議儒道融通的信念貞定，用以為沒有明確宗教信仰的人提供另類選項，方能夠真正落實生命教育的學以致用。

第四節　價值思辨

一、價值判斷

　　在新課綱所列舉的五項核心素養中，「哲學思考」與「人學探索」屬於新增，其餘「人生三問」是舊課綱的基本訴求；此番修訂中，明確指示是由「終極關懷」來指引「價值思辨」和「靈性修養」。換言之，就是先貞定宗教信仰或人生信念，再進一步從事倫理抉擇與美感體驗，從而促成人格統整與靈性發展。令我稍覺遺憾的是，在「價值判斷」內，保留住基本倫理學卻放棄了應用倫理學，難免得不償失。當然添入「生活美學的省思」固然有些許創意，但是希望年輕人「發展自身的生活美學」仍屬抽象不易落實，反不若舊課程教「生命與科技」、「性愛與婚姻」來得感同身受直指人心；尤其將前者融入科技領域，恐怕會不了了之。

　　將「價值思辨」視爲核心素養，必須先讓學生瞭解何爲「思辨」，此乃哲學中的抽象方法，一般多指向玄之又玄的形而上事物。其實講「思辨」還不如說「判斷」，尤其美感一旦思辨則不美矣；而「審美」之說便表示判斷。倫理實踐和美感體驗皆屬價值判斷，倫理學與美學遂同樣列入哲學的「價值論」之中。一般多將「價值判斷」區別於「事實認定」；後者認定「眞僞」，前者則判斷「是非、善惡、對錯、好壞、美醜」。但是從後現代觀點看，此乃現代規準的引申，不應嚴格分判，而讓事實與價值融爲一體。不過這樣似乎違反常識，較佳態度是無需一刀切，但可以將二者視爲一道漸層渲染的連續統。

二、倫理道德

事實與價值的二元分化，曾經反映在高等教育內科學與人文「二元世界」的割裂，此爲英國科學家暨文學家史諾所憂心，遂有通識教育的推動。一甲子過去，大專通識與專門及專業課程，究竟已融匯還只是混雜，依然見仁見智。像高中新課綱將「生命與科技倫理」融入自然或科技領域，就很可能淪爲聊備一格。記得我早年在陽明醫學院講授通識課「人生哲學」，抽空去旁聽醫學系的專業課「醫學倫理學」，發現開課醫師教授的作法是，每周請一位專科醫師來講臨床醫德，然後讓助教收回心得作業評分。這種作法如今美其名曰「協同教學」，卻只見資深醫師經驗分享的各自表述，幾乎談不上倫理探討，因爲無人受過哲學訓練。

不過那是近三十年前的事情，如今情況已有所改善；像聘請出國專攻醫學倫理的醫師回來任教，而大型醫院也普設醫學倫理委員會。我即曾受邀在一家國立區域醫院擔任過三年外部委員，每月開會討論疑難雜症的倫理決策，甚至有四回被要求線上投票以決定是否「拔管」讓患者大去。由此可見，應用倫理比基本倫理更攸關生死，但學習後者多少可以妥善處理前者的具體個案。上世紀八零年代美國哲學家杜明曾撰文〈醫學如何挽救住倫理學的命脈〉，預示出後現代倫理道德的多樣性與多元化，不宜再抱著抽象原理原則以不變應萬變。像在華人社會，就可以向古人借智慧，以儒道融通的價值判斷，作出有效的本土在地倫理實踐。

三、美感體驗

說美感體驗經過審美歷程而成爲價值判斷尚稱恰當，但是它較常被歸於情意體驗而非理性思辨，想太多反而不美了。美感體驗是人生中不

可或缺的修養，也是教育實踐的基本內容，「五育並重」就含有美育。一般講美育多指藝術教育，包括藝術欣賞與創作。在生命教育內納入美育，著重的是生活美而非藝術美。新課綱指示：「改變自我，思考如何讓自己成為有生活品味的人，並瞭解品味並不等於奢侈的道理。」倘若根據此點，則花大錢買藝術品用以珍藏或炫耀，就不符合生活美的真義。事實上，美感體驗的對象，除了藝術美和生活美之外還有自然美；包含欣賞大自然的美好，以及過著順乎自然的愜意生活之美。

　　新生命教育主張「後科學人文自然主義」，它是由「後科學主義」、「科學人文主義」與「人文自然主義」所組成；前者歸後現代，次者使科學朝人文靠攏，後者把人文導向自然，由是讓自然主義成為新生命教育的核心價值。「自然」之說原本出自中土，古早老子便論及「道法自然」，此指擺脫人為造作，從而走向一種自然而然的本真狀態。一直要到晚近西學東漸之後，才開始以「自然」一辭表達西方人心目中代表森羅萬象的「大自然」；有學者考據，這還是日本人先採用漢字翻譯再傳回中國的。總而言之，以自然之美涵蓋人文化成工夫及後現代多元精神，相信足以為官方和民間的生命教育論述，增添一份和諧的美感體驗。

四、生活美學

　　幽默大師林語堂有一部用英文撰寫、向西方世界介紹中華文化的不朽傳世之作《生活的藝術》，代表他中年時期的心之所嚮，那正是道家思想。他在〈誰最會享受人生？〉一章中，頭一位舉出的例證便是莊子；無獨有偶地，傅偉勳也肯定「莊子是心性體認本位的中國生死學的開創者」，其生命境界已達於「實存主體、終極關懷、終極真實」這三層最高價值取向。把道家尤其是莊子抬舉得如此高妙，正是因為他「發現一條不依傍任何外力外物的大徹大悟、精神解脫之路」。這當然是人生最高理想歸宿，不過日常生活的安頓，並不需要成天高懸這般理想，

243

而是能夠通過美感體驗，找出自己的「生命價值觀」即成。

新課綱對此舉出具體可行之道：「反思生活美學的能力，可以用對比的方式，呈現不同生活習慣（如：食、衣、住、行、育、樂等）帶給人不同的感受。」此即生活品味的發現，肯用心尋索的人唾手可得。宋儒程顥有詩〈秋日偶成〉一首：「閒來無事不從容，睡覺東方日已紅；萬物靜觀皆自得，四時佳興與人同。道通天地有形外，思入風雲變態中；富貴不移貧賤樂，男兒到此是豪雄。」堪稱生活美學與藝術最佳境界。這是儒道融通的典型表率，完全沒有宗教信仰的色彩；套句傅偉勳的話說：「它們……是高度精神性，而不是彼岸性或超越的宗教性。」此乃下節要討論的「靈性修養」意境之一，亦代表本書最終結論。

 第五節　靈性修養

一、人格統整

榮獲1987年諾貝爾文學獎的美籍俄國詩人布洛德斯基，在其得獎感言中提出了「美學是倫理學之母」的命題，並表示「每一回的美感實存都讓人的倫理實存更到位」；如此觀點可視為將人生中的「美—德」要求，倒轉為「德—美」和諧的努力，而跟我所提倡的「人文—自然」精神不謀而合。新課綱最終核心素養「靈性修養」提出了「靈性自覺」與「人格統整」兩項課題，並詳加說明：「靈性指的是人靈明不昧的本性，這本性讓人能自覺與覺他，也讓人能進行判斷與抉擇，更讓人探索意義、追求真理、渴望美善與嚮往神聖。」這當中提及的「聖、美、善、真」，正是我受業十載的輔仁大學校訓。

輔仁為天主教大學，宣揚教義不遺餘力；規定每名學生必修一整年帶有西方宗教教誨色彩的「人生哲學」課，至今已超過半個世紀。更

值得一提的是，臺灣生命教育的起源，正是始自一所天主教中學曉明女中；當初省教育廳將該校國高中六年十二學期的自編教材，照單全收而普施於省屬國高中。宗教勸人爲善，宣傳教誨理所當然，無可厚非；但是在中華文化所覆蓋的土地上推廣生命教育，卻採行西方宗教精神爲核心價值，就十分有待商榷，這便是我當年著書立說加以批判的理由。不過身爲批判者，發現推動者也跟我一般地「擇善固執」，倒也稍感欣慰；畢竟我們都能夠知行合一，而非說一套做一套的人格不統整甚至分裂。

二、靈性開顯

舊的高中生命教育類課程中，開授有「人格統整與靈性發展」一科；當初的教學目標是「**協助學生追求正向的自我觀念，增進人格與心靈的成長**」，同樣可見於現今要求「**透過靈性修養追求知情意行的合一與人格的統整**」。至於靈性修養的核心內涵，新課綱寫得很清楚：「**包含自覺的喚醒、慈悲與愛的深化以及智慧的提升**」；由此可見，自覺、慈悲與智慧三者，至少是受教個體靈性開顯的方便法門。方便法門並非不二法門；後者定於一尊，前者隨緣流轉。官方生命教育起步至今二十餘載，都走在既定路線上不斷深化，對此我表示肯定與尊重；但是我在近五、六年所推廣以「大智教化」爲名的新生命教育，也希望廣結善緣。

官方生命教育自始便充滿宗教色彩自不待言，長期以來受到各門各派宗教團體護持也是事實；雖然曾有人投書報端指出其忽略傳統文化，也有學者批評它漠視弱勢族群，但終究一步一腳印穩固發展成爲高中必修課。相形之下，我所倡議的民間教化則尚在起步階段，並且在策略上超越學校走向社會，以從事成人教育爲目標。我一向強調，「大智教化」既是社會教化更屬自我教化，爲此我已寫出三種以其爲名的論著推而廣之。在書中我揭櫫從「自我覺察」走向「自我抉擇」最終作出「自

我決斷」的靈性開顯途徑；同時避免人云亦云、隨波逐流，盲目追求時髦流行，終至淪入「自絕生路」甚至「自掘墳墓」的悲劇。

三、慈悲為懷

自覺是生命教育成功與否的關鍵要素，長期身為生命教師，我通過自覺的引領，逐步落實自我貞定的工夫，終於肯定雖千萬人吾往矣的治學與任教方向，這些正是眼前論著以《新生命教育》為名所舖陳的十二章內容。本書寫作與十五年前的《生命教育概論》相呼應，副題皆為《華人應用哲學取向》，以示我的哲學途徑，而與宗教相區隔。我雖然不取超越的宗教性為論述主軸，卻不時呼應內在的宗教感而和盤托出；擬似宗教的「大智教」或「人生教」之說，便屬我的苦口婆心，希望既自度也度人，用以悟得安身與了生之道。反身而誠，本書正是我以慈悲為懷的語重心長之記錄；我手寫我心，與宗教話語殊途同歸。

什麼是「慈悲」？新課綱有所闡述，指其「代表一種同情同理而願意自我犧牲或成就他者的情懷。慈悲與智慧是靈性修養的核心。」我非宗教中人，說「自我犧牲」太沉重，但絕對樂於提倡「自我貞定」和「自我彰顯」以推己及人成就他者，自忖生命教師的任務與意義盡在其中。我當老師自始至今一向慈悲為懷，樂與同學善結數月緣；緣起緣滅於生命流轉之內，雖不見得產生立竿見影的效果，卻足以醞釀潛移默化的作用。我在邊教邊學中，說「教學相長」實不為過。生命教育的素材是每一存在個體的生命敘事與生活故事，因此「三人行必有吾師」，我遂懷著感恩的心情任教至今，「大智教化」而已矣。

四、愛智慧見

以「大智教化」為名的新生命教育，主張在古今中外聖賢才智的大智大慧中，發現安身立命及了生脫死的生活與生死之道。在課程規劃

和教學設計上，官方生命教育採行基本哲學或純哲學的思辨途徑，民間的大智教化則強調應用哲學的實踐取向；前者施於學校與學生，後者指向社會及成人：各自表述，各取所需；互補互利，相輔相成。古老的哲學在西方原意爲「愛好智慧」，可視爲「愛智之學」。智慧難以學，可以學的是知識；通過知識學習的漸修工夫，或能達於智慧開顯的頓悟效果。大智教化的目的，正是希望經由愛智之學，產生真知慧見，助人安身了生；本書乃據此圍繞「新人生」及其「義理、意理、大用」等四篇多所發揮。

　　立足於過去多部作品的基礎上，我進一步深化己見著書立說，希望把長期醞釀的生命學問講清楚、說明白。人生既無逃於天地之間，就必須學會頂天立地；天地之間充滿著繞不過去的顛倒夢想，只能以愛智慧見加以消融。本書探討安頓人生的修養工夫，不可避免地觸及政治與宗教；在政治上，高雄市長選舉的青天白日旗海照見了中華民國的希望；在宗教上，一場彌撒則帶給我些許靈感。有緣參加老學長沈清松教授的追思會，在備極哀榮中彷彿看見了美。將宗教活動視爲美感體驗，或許足以把「以美育代宗教」轉化爲「從美感看宗教」、「以美育爲宗教」。盼望大智教或人生教也有機會成爲有緣人的美感體驗與存在抉擇。

結　語

　　本章以〈後設生命教育〉爲名，列入〈人生大用〉之篇末，並非無的放矢，而是有其深意。蓋以「後設」立場作爲知行方法，足以讓人們在日常生活的決策中不時反身而誠，從而見樹也見林，得以面面俱顧、無所偏廢。認真反思，有情生命是載體，生存、生涯、生趣則是生路歷程；人人都希望到頭來功德圓滿、含笑九泉，於是在努力把日子過好之前，理當進行後設性的策略思考，先行確認何種人生方才值得一過。撰寫本書呼應舊作，是想不斷改善生命教師志業，使之與時俱進、推陳出

新、止於至善。歡迎有緣且有心的朋友，將我的作品加以比較批評，真正達於「以文會友、以友輔仁」的境界。

後　記

　　這部作爲授課與宣教講義的反諷式思想創作之初稿，完成於今年初，歷經數回修訂，終於在暑假前告一段落。去歲得知今春將到金門爲教育所專班授課，乃決定以本書初稿進行實驗性教學。金門屬於中華民國福建省金門縣，和長久吵著鬧獨立的臺灣島若即若離，足以讓我跟同學們冷靜思考個人與國家、安身與了生的契機。理想的新生命教育多歸成人教育及社會教育，但同樣可以在學校裏盡情發揮。我的前一部著作《六經註》問世於去年入老前夕，爲貫徹擺脫「我註六經」的窠臼，並落實性靈書寫的旨趣，本書同樣未列參考及推薦書目，而以面授互動隨緣流轉。我手寫我心，心有靈犀一點通，願能與有緣人心心相印與相映。

　　在這篇〈後記〉的最後，我嘗試簡單總結本書論點的中心概念，那便是「尊嚴」。此一概念雖被叔本華所嘲諷，卻也寫入各種人權宣言中，頗值得新生命教育正視與重視。本書涉及宏觀的「國族認同」及微觀的「好死善終」，我建議以「邦聯制」和「安樂死」作爲民國「尊嚴活」與個人「尊嚴死」的可能選項。尊嚴的前提是自主，亦即請「他者」適時放手，讓當事人通過自覺走向自抉作成自決。它具有充分的倫理意義，且有待推動法律保障。更周全的尊嚴死需要訴諸公投，一家親的尊嚴活則可以展開談判求同存異。本書雖然水到渠成，卻非一氣呵成，而是隨緣流轉。它反映我的老後心路歷程，希望朋友們樂於欣賞指教。

2019年7月

【鈕則誠三十二部著述】

1979.05.《自我與頭腦——卡爾波柏心物問題初探》。臺北：輔仁大學。

1988.01.《宇宙與人生——巴柏的存在哲學》。臺北：輔仁大學。

1996.03.《護理學哲學：一項科學學與女性學的科際研究》。臺北：銘傳學院。

1996.10.《性愛、生死及宗教：護理倫理學與通識教育論文集》。臺北：銘傳學院。

2001.02.《心靈會客室》。臺北：慈濟。

2001.08.《生死學》。臺北：空中大學。（合著）

2003.08.《醫護生死學》。臺北：華杏。

2003.10.《護理科學哲學》。臺北：華杏。

2004.02.《生命教育——倫理與科學》。臺北：揚智。

2004.02.《生命教育——學理與體驗》。臺北：揚智。

2004.08.《醫學倫理學——華人應用哲學取向》。臺北：華杏。（合著）

2004.09.《教育哲學——華人應用哲學取向》。臺北：揚智。

2004.10.《護理生命教育——關懷取向》。臺北：揚智。

2004.12.《生命教育概論——華人應用哲學取向》。臺北：揚智。

2005.08.《生死學（二版）》。臺北：空中大學。（合著）

2005.10.《教育學是什麼》。臺北：威仕曼。

2006.01.《波普》。臺北：生智。

2006.01.《殯葬學概論》。臺北：威仕曼。

2007.02.《殯葬生命教育》。臺北：揚智。

2007.03.《永遠的包校長》。臺北：銘傳大學。

2007.08.《殯葬與生死》。臺北：空中大學。

2007.11.《觀生死——自我生命教育》。臺北：揚智。

2007.11.《觀生活——自我生命教育》。臺北：揚智。

2008.04.《殯葬倫理學》。臺北：威仕曼。

2009.01.《從常識到智慧——生活8×5》。臺北：三民。

2010.09.《生命教育——人生啟思錄》。臺北：洪葉。

2010.09.《生命的學問——反思兩岸生命教育與教育哲學》。臺北：揚智。

2013.10.《觀人生——自我生命教育》。新北：揚智。
2015.07.《大智教化——生命教育新詮》。新北：揚智。
2016.07.《學死生——自我大智教化》。新北：揚智。
2018.09.《六經註——我的大智教化》。新北：揚智。
2019.09.《新生命教育——華人應用哲學取向》。新北：揚智。

生命・死亡教育叢書

新生命教育——華人應用哲學取向

作　　者 / 鈕則誠
出 版 者 / 揚智文化事業股份有限公司
發 行 人 / 葉忠賢
總 編 輯 / 閻富萍
地　　址 / 22204 新北市深坑區北深路三段 258 號 8 樓
電　　話 / 02-8662-6826
傳　　真 / 02-2664-7633
網　　址 / http://www.ycrc.com.tw
 E-mail / service@ycrc.com.tw
 I S B N / 978-986-298-328-7
初版一刷 / 2019 年 9 月
定　　價 / 新台幣 350 元

國家圖書館出版品預行編目（CIP）資料

新生命教育：華人應用哲學取向 / 鈕則誠
著. -- 初版. -- 新北市 ：揚智文化，
2019.09
面；　公分. -- (生命、死亡教育叢書)

ISBN 978-986-298-328-7 (平裝)

1.生命教育　2.教育哲學　3.文集

528.5907　　　　　　　　　　108013053